# 笔尖的火花

## ——绽放文化育人之光

方 平 著

浙江工商大学 出版社
ZHEJIANG GONGSHANG UNIVERSITY PRESS
·杭州·

## 图书在版编目（CIP）数据

笔尖的火花：绽放文化育人之光／方平著.
杭州：浙江工商大学出版社，2025. 5. -- ISBN 978-7-5178-6406-6

Ⅰ. G40-03

中国国家版本馆 CIP 数据核字第 2024SH4834 号

## 笔尖的火花——绽放文化育人之光
BIJIAN DE HUOHUA——ZHANFANG WENHUA YUREN ZHI GUANG
方　平 著

| | |
|---|---|
| 策划编辑 | 任晓燕 |
| 责任编辑 | 熊静文 |
| 责任校对 | 林莉燕 |
| 封面设计 | 朱嘉怡 |
| 责任印制 | 屈　皓 |
| 出版发行 | 浙江工商大学出版社<br>（杭州市教工路 198 号　邮政编码 310012）<br>（E-mail：zjgsupress@163.com）<br>（网址：http://www.zjgsupress.com）<br>电话：0571-88904980,88831806（传真） |
| 排　　版 | 杭州朝曦图文设计有限公司 |
| 印　　刷 | 杭州钱江彩色印务有限公司 |
| 开　　本 | 880mm×1230mm　1/32 |
| 印　　张 | 6.625 |
| 字　　数 | 112 千 |
| 版 印 次 | 2025 年 5 月第 1 版　2025 年 5 月第 1 次印刷 |
| 书　　号 | ISBN 978-7-5178-6406-6 |
| 定　　价 | 36.00 元 |

本书系浙江省"十四五"研究生教育改革项目"基于'大先生'视角的研究生导师立德树人职责评价体系创新与实践"（编号：syjsjg2023139）、2023年国家级大学生创新训练计划项目"'一带一路'倡议下丝绸产业数字传播现状与发展对策研究——以浙江省为例"（编号：202310338012），以及浙江理工大学纺织科学与工程学院（国际丝绸学院）思政工作创新实践项目的阶段性成果。

# 序　言

一直以来，鄙人对"序"字情有独钟，或许是喜爱序幕开启的期待之感，也或许是热衷循序渐进的井然之美，细想起来，应该是对"言之有序"的感悟至深。

如果时间退回到 20 年前的职场初遇，鄙人绝不是一个敢说自己是"会写一点文章的人"。即便是写通知、函件或是短信，我也会抓耳挠腮，更别提写论文、研究报告了。究其成因，一方面是基本功不够扎实，另一方面大抵是我对文字的力量缺乏信任，甚至错误地认为写东西是文弱书生的特权。殊不知，一粒文字的火花，就能照亮一个在暗道上的行者。这粒火花的主人公是下文所指的"学生"，那个行者则是鄙人。

现实中事情的发展往往不会一成不变。随着工作调整，我开始承担学院的通讯员工作，时常要对活动、工作进行报道。一开始，"照样画葫芦""分要素填空"的八股写法屡试不爽，也折腾出几篇赫然醒目的小文，被友人笑称为"文化育人小师"。沾沾自喜之余，偶然听闻两名学生在谈论学校的一些通讯报道,他们认为不少内容太死板,沿用几十年的一贴老方,没有大学的文化气质。虽然这番话算不得醍醐灌顶,但足以让人面红耳赤。韩愈曾言:"师者,所以传道受业解惑也。"相对于课堂的空间束缚,生活化的全天候场景更是影响学生、塑造学生的变量所在。就此而言,文章篇幅虽短小,但窗口不小,从这一窗口看大学的气质、工作的品质着实比较生动、形象、聚焦,而这或许也是写作工作存在的价值。确实,如果观点不够深刻、逻辑不够严密、表达不够严谨、抒发不够真诚,又何以说是"老师之作、大学之文"。如是所想的心意化为此后笃定的毅行,用心点燃文字火花的行动慢慢也成为一种"言之有序"的修炼,或是作为探源文化育人的"三重"锻造,即以逻辑性驱动教育性,以层次性驱动可读性,以情感性驱动同频性。

其中,以逻辑性驱动教育性,实质是突出文字内容的有机贯通,立足教育感化的基点,瞄准知识、文化的需求,让文字既是思维的呈现,更是知识向文化转化的载体;以层次性驱动可读性,更多是聚焦对现实事物的逐层解析,也就是透过现象看本质、穿过迷雾观沧海,给读者描绘事物或事件发展的故事线,呈现丰富的文化场景,让简约的文字成为唤醒读者思考和行动的介质;以情感性驱动同频性,则是在文字中加入情感元素,无论是喜之意、愁之味、怒之气,都化为激发读者感知文化的情绪点,从而在将心比心的对照中,吸收文意与字情。

　　以上算是这些年鄙人对文字工作,特别是文化育人工作的回味与思考,但还不能完整覆盖所想所及,故选取部分文摘编辑成此书,与诸君共赏、共读、共议。本书分"以文启思""以文厉行""以文论理"3 个篇章,共 22 篇,均是鄙人对文化育人的现象级思考与逻辑式输出,并结合高校育人的工作实践,呈现所思所为,展现厉行风采,呼吁更多帮助和支持。由于文字修炼还不够深、思考洞察还有欠缺,本书定有不少不足之处,故作此序,敬请各位读者雅正!

方　平

2024 年 9 月

# 目　录

## 第一篇：以文启思

# 第二篇：以文厉行

## 第三篇:以文论理

# 第一篇：以文启思

　　在纷杂的生活中优雅穿梭、自在过活，应是不少人的心之所向，也是一些人不可企及的人生高点。身为高校教师，习惯把"传道授业解惑"装载于内心，表达于字里行间，算作对"优雅与自在"的用心回应。如果把这一过程定义为"以文启思"，其内在隐喻或许是：当运用文化人的逻辑思考问题与现象，文化育人的光芒就开始渐渐绽放。

# 说话，也是一门青年成长的艺术

## ——写在调解一场学生寝室纷争之后

世间有一物，在刘震云的小说《手机》中，它是主角费教授的大作；在卡耐基的《成功学》中，它是不可或缺的工具；在郭德纲的相声表演里，它摇身成为民间曲艺的精粹。想必众人皆可道出该物叫"语言"，也就是寻常所讲的"说话"。对于说话，很多人认为其仅是一种社交技能，殊不知，说话俨然成为一门值得深究的艺术，而且是一门值得用一生去深刻践行的行为艺术。

为何我有以上思考，不仅因为我身边有不少因说话不当而引起的纷争，也因为我从中华优秀传统文化中感知到"一句话能成事，一句话也能坏事"的内蕴所在。会说、能说、敢说、巧说，从古至今一直是职场成功人士的"标配"。就育人而言，孔子曰成仁，孟子曰取义，并不只是坐而论道，尤其是孔子，周游列国，教化众人，靠的不仅是满腹经纶，还有口中的循循善诱。就仕途而言，为官之道、谏言之术，做到忠言不逆耳、旁语得君亲是历朝历代臣子独步青云的必备技能。唐朝的魏徵据理必争，展现了一种相当不错的风险防控勇气；宋朝的寇准败于丁谓，则暴露出他在言语场景中的情商漏洞；明朝的王守仁通过"三信定君心"，更可以说是一种巧舌烹饪的言语美餐。就商业而言，从商谋益、口舌相谐，"酒香不怕巷子深""货好不忧买者众"讲的是传统消费心理和营销理论，而在如今的市场布局中，讲好故事、讲透文化、讲出共振，才是事半功倍的商业方式。是故，不同的文化造就不同的精神食粮，不同的场景造就不同的说话艺术。如若从高校教师的视角出发，从规律运用的目标切入，青年成长应掌握的语言艺术大概可以归为三种：

其一，慎言之道。良言一句三冬暖，恶语伤人六月寒。言语无形，既可以化身为利器，也可以化身为取暖器。子曰："多闻阙疑，慎言其余，则寡尤。多见阙殆，慎行其余，则寡悔。言寡尤，行寡悔，禄在其中矣。"不懂慎言，小则独害其身，大则祸国殃民。正如谋士杨修，虽然才智出众，但终没有领会慎言之道，假使让"阔"字成谜、让"鸡肋"化肚中食物，其结局未必如此凄惨。青年经过大学修炼，即将踏上风雨迭起的职场，应时刻懂得慎言是一种欲言能止的修养，是一种知言善用的自信，还是一种满言不溢的严谨。懂得并驾驭慎言之道，无疑是一个人独步职场的必备绝学。

其二，巧言之术。如果慎言是一种修养，那么巧言就是一种技术，还可以说是一种智慧。艺术界的巧言成就相声、小品等艺术瑰宝，职场的巧言能创造机会与空间，商界的巧言可以引发热点与制造爆款。巧言能于险象环生中力挽狂澜，能于穷山恶水处觅得柳暗花明。晏子使楚，巧用推论进楚门、假因溯果贬楚王、妙用类比辱楚国，以退为进、寓刚于柔，把政客智慧发挥得淋漓尽致。且看舞台上的主持人狂飙方言，其实是一种荣辱不惊的智慧表达，既能让时间变慢、让瑕疵变美，也能让名人变窘、让凡人成名。现实中，有的青年能把巧言用于竞赛场，逗乐评委、观众的同时，把自信气质呈现于大众面前，可谓一种优雅的奔放；有的青年能用巧言解决社交危机，实现从"社恐"到"社牛"的华丽转身，造就和谐感人画面。这些恰是成长的正面折射，也是个人智慧的鲜明表达。

其三，默言之法。《荀子·非十二子》指出："言而当，知也；默而当，亦知也。"也就是说：说话说得恰当，是明理和智慧的表现；不该说话的时候能沉默得恰到好处，也是明理和智慧的表现。试问"以无声胜有声"的道法在哪里？可能恰恰在于用默言能改变交流的氛围、争取思考的时间、调动彼此的情绪、审视暗处的破绽、直击对方的痛点。而今，默言的合理运用大有以逸待劳之效，尤其在处理危机公关事件时。"退一步、忍一句、少一言"是一种极高明的策略和雅量,即面对冲突时,保持镇定,以静制动,方能致远。相反,逞口舌之快往往让祸来得快、去得慢。

如上所述的慎言之道、巧言之术、默言之法,大体上是经世之道的一部分,或许仅是语言艺术的冰山一角。特别是在数字技术、算力环境、网络要素日趋完善的当下,说话已不单是一种传统的文字表达和意义传导,其背后蕴含的逻辑道理、渗透功能,甚至思维方式,亟待一代又一代青年开掘。

是故,若能知悉说话背后的蕴意,眼前的一言一词纷争又何足挂齿呢?

(书于 2019 年 3 月)

# 懂得个案哲学　趣看万物苍生

## ——写在"律文化钱塘会客厅"落成之际

在浪遏飞舟、潮起潮落的钱塘江边，有一个闹中取静的地方，被南来北往之客所津津乐道。究其因，不单是那一方景，更是那一种境。境中有无声、无界的思量，也有直指、相对的争锋，更有精尖、深入的剖析，此地被雅称为"律文化钱塘会客厅"。

徜徉于会客厅，有一个细节很是惹眼：整排、整列、整柜的个案书和案件档案，与忙碌的身影和谐相融。这成为会客厅的自然景象，初访者往往会有一种不经意间进入案卷室、数据库的恍惚。然而，"首因效应"往往具有正向投射功能。确实，从个案出发，进行交流；以个案为基，实现交付；从个案切入，获得交心：已成为诸多业态制胜的"潜规则"。从文化浸润与输出的视角来看，这一过程恰恰创生出一种叫作"个案哲学"的新概念，且具有三层深刻内蕴：

其一，具有大道至简的哲学气度。寥寥几句，就含世事始末。论及哲学,大部分人会觉得空泛而深奥,枯燥且晦涩,往往呈现出一副老学究般的高冷和拒人千里之外的生分。然而,作为一种探究本原的思想活动,哲学以其广博的包容性赋予人们看懂世界、解析世事、深谙世情的思考能力,也以其大道化简、万物一律的智慧能量,把高深变得通俗。恰如《论语·卫灵公》里孔子回答子贡"有一言而可以终身行之者乎"的问题时所说的:"其恕乎!己所不欲,勿施于人。"终身须奉行一个"恕"字,即自己不愿意的事,不要强加给别人。一个字就道出了"推己及人"的处世之道,揭示了圣人的处世哲学。对比世事纷杂,倘若以个案哲学为基,钻研其深,剥离其浅,归纳精华,见微知著,应可成为人们认识世界、洞察世间的一种极高明的途径。

其二,具有道术相融的哲学厚度。形而上谓之道,形而下谓之术。道是术的灵魂,术则是道的衍生,坐而论道很重要,起而行更是不能轻视。自古以来,秉持道义,须有精术相携。试问:仅懂医学机理的华佗,不去化骨疗伤,哪能成就经典故事?徒有法学理论的状师,不精于伸张正义,哪能在法律界叱咤风云?对于当前业界来说,把行业精神、职业操守融入现实产品已成为共识,而融入的程度与产品的竞争力具有鲜明的正比关系。一个行业或一家企业若能高度聚焦产品的魂、锐意创新产品的形,即使在法律这样的知识产权行业,也会赢得大众的肯定。正所谓"喻哲于律,文律同根",因为以正义之心解析个案之性,就已掌握办案之剑;以善良之心雕琢个案之理,就已掌握胜算之计;以大爱之心研发个案体系,就已掌握行业之德。

其三,具有宽严相济的哲学温度。"子非鱼,安知鱼之乐""子非我,安知我不知鱼之乐"。世间的哲学解析,其实也可以是一种玩乐。纵观古今,被今人奉为圭臬的经典思想和推动时代发展的创造性发明,并不都是在冰冷、呆板的书本上诞生的,而是在具有温度的个案中产生的。两千多年前的战国,一根木头彰显法家商鞅革故鼎新的决心,让法律文明问世于苍茫之中;三百多年前,一个苹果让牛顿揭开关于万有引力的秘密,这是"一个苹果的哲学";两百多年前,一壶热水昭示瓦特对于蒸汽的理解,成为第一次工业革命的导火索。而在"律文化钱塘会客厅"的现场,我们也可以看到具有温度的法律个案研发景象。无论是茶香之中的案情询问、书香之中的证据罗列,还是控诉演练的争锋相对、业务流程的环环相扣都变为一门知识美学。放下愁绪,轻装出场,成为这里的一道独特风景线。

见微知著,由道及术,似乎在风云变幻的世事中愈演愈烈。个案哲学,能量独具,让潜在规则从抽象走向具象,化虚体为实体,赋予人们更多处世智慧、事业动力,这同样是律文化的初心与使命。且看律文化的朋友圈中,有行业精英、产业骨干,更不乏对未来充满期待的奋斗者、攀登者,他们以律文化传递着世间的温暖,用一笔一画写下关于个案哲学的宣言、故事与将来。

（书于 2021 年 1 月）

# 处理好"四对关系" 做有文化且幸福的引路人

## ——写给为学生成才而奋斗的高校辅导员

教育之事,千秋之计。育人是我们始终关心的话题和主题。"培养什么人、怎样培养人、为谁培养人"成为我们教育工作者的必答题。辅导员作为高校育人工作队伍的主力军,在立德树人、育人成才方面的价值意义不言而喻。虽然辅导员工作承载着光荣的使命,但同时也面临着不少现实挑战。因此,深入探究辅导员工作的内涵与外延、日常工作与重点任务、本位与本义,已成为辅导员工作研究的大势所趋和关键所在。

躬行二十载的辅导员工作闪耀"勤"字光芒,我也时常听闻旁人的困惑与不解,特别是在对象、环境、机制、目标等要素不断变化的过程中,布好"统筹局"、下好"先手棋"、打好"专业牌"、施好"靶向策"的紧迫性和复杂性日趋凸显。要想在工作中化繁为简、化紧为宜,进而培育有文化且幸福的引路人气质,或许可以从辩证处理好四对关系出发：

其一，严管厚爱，处理好"刚和柔的关系"。从一定意义上来说，辅导员所从事的工作，既有浓厚的教育教学色彩，也有鲜明的管理服务意味。是选择"秋风扫落叶"的刚性，还是"春风化雨"的柔性，一直是辅导员现实工作中的难点和焦点。现实中，以柔性为特征的教育方式往往被人所称道，正如被呼作"哥""姐"的辅导员不在少数，大抵都以温度感换得信任感、共振感。而以刚性为特质的教育则处于另一个反向境地，其中最鲜明的矛盾集中在刚性管理的冰冷与辅导员希望走进学生内心的热切之间。这一矛盾的内核，应与辅导员对制度刚性的内涵认知不够深刻、贯通运用不够熟练有关。正所谓"不以规矩，不成方圆"。大学是青年养成规矩意识、规范信念的关键阶段，发挥制度刚性在激发意识、规范行为、遵循逻辑、驱动信念方面的作用，恰是大学为社会培养具有遵纪守法意识公民的意义所在，也是青年塑造自律人格的有力助推。事实上，缺乏制度精神的老师就会缺乏严管厚爱的底气，而缺乏制度精神的青年就容易缺乏直面人生的锐气。故在对学生的教育中，辅导员不能以宠爱代替厚爱，不能混淆"情与法"的边界，不能把工作立场立于主观判断之上，只有这样，方能做到"柔情"与"刚强"并驾齐驱。

其二，见微知著，处理好"大和小的关系"。所谓

"大",指大局、大事、大义或者说大爱,是主要矛盾,也是决定矛盾的主要方面。所谓"小",指辅导员视野中的日常、细小事务。作为身处教育一线的辅导员,虽然能够意识到自身工作对育人质量的意义所在,但总会不自觉地感受到工作的琐碎性、机动性甚至"颗粒感"。这与大众视野中教学科研的"高大上"相比,存在较大区别。因此,有的辅导员产生自卑感。然而,从思政教育的内在规律和基本逻辑出发,化大为小、见微知著恰是辅导员工作的秘诀所在。以评奖评优工作为例,其要义在于挖掘和塑造身边典型,形成思政教育的同频共振效果。这一过程需要辅导员通过各个环节的组织、各类数据的统筹、各种项目的阐释,驱动学生的多元化发展、切合育人的多样化评价,进而推动育人目标与教育教学改革的深度融合。就此而言,辅导员开展评奖工作并不只是一项简单的常规工作,而是一项系统集成的工作,不仅事关师生切身利益,而且是促成优良学风的重要动力和有效途径。是故,评奖评优工作并非轻而易举,做好该项工作的价值感、获得感应是满满的。倘若辅导员对此认知不够到位,难免落入工作过于细、碎、杂的窠臼,更不能带领学生实现育人成才,有违师道师责。总而言之,站高一位、看深一度、做实一些、抓细一点,是辅导员审视工作的价值观所在、价值感所得。

其三,不疾不徐,处理好"快和慢的关系"。辅导员工

13

作既具有鲜明的条块特征,也富有典型的细节特性,应该说许多工作是面向学生的"最后一公里"。然而,在高校教育管理体系日益庞大的当下,辅导员工作的范围不断拓展,往往一个人要处理多个工作板块、多项交叉事务,个人还面临教学科研的考核与发展要求。在个人精力相对有限的情况下,如何做到粗与细、快与慢、深与浅有机结合,成为一门值得深究的工作艺术。纵观这些年涌现出的辅导员精英分子,他们往往具备一个共性特质,即善于在工作中"弹钢琴",也就是能用好"窗口理论"。以处理学生突发事件为例,快速响应是第一要务,其中包含情况报告、信息收集、舆情观察、现场调查等,但在事后复盘的过程中,则讲求放慢节奏、聚拢要素、解剖细节,而不能草草了事、过夜翻篇。倘若能通过事件透视育人过程中的短板弱项、管理方面的漏洞不足,并加以理论分析,或能带来更多独到的学术见解和实践导引,这恰是辅导员工作区别于一般教学科研活动的重要表征。也就是说,多重事项影响下的辅导员,应成为深刻的思考派和敏捷的行动派,如此定能从中产生收获感。

其四,料远若近,处理好"远和近的关系"。毋庸置疑,辅导员是高校践行立德树人根本任务的重要力量,是学生成长成才的引路人。具有如此重要作用的教师队伍,其职业化、专业化建设也是目前各界所关心的话题。作为高校教书育人的一员,辅导员除了靠政策保障,是否也应该回答好个人如何构建职业发展路径这一问题?答案应该是肯定的。特别是近年来,经过千挑万选进入高校的辅导员,其基本素养无可置疑,但适应高校教书育人内涵要求、走上个人理想发展道路并非唾手可得。这一过程中,尤为关键的是要处理好"远和近的关系"。其中,就"远"而言,就是要对自己的专业、特长、优势、兴趣、经历乃至社会资源做逐一分析,运用长线思维勾勒职业素养发展路径,为随时走上新岗位、跨上新平台存储能量。就目前而言,掌握好数字、媒体、心理等知识,恰是做好未来人才培养工作的基本素养。就"近"而言,则是依托当前工作阵地创造高峰价值、练就一技之长,善于把积累跬步作为至千里的必由路径,切不可让"躺平"摆烂""好高骛远"的意念左右成长轨道。然而现实中,不少辅导员心怀一鸣惊人的愿景,想做一夜见效的事情,但又缺乏久久为功的努力,以及缜密严谨的行动路径,结果往往可想而知。有的因为一时的不如意或挫败,从此一蹶不振、放任自流,甚为可惜。望远端而不失近观,恰是辩证哲理的现实应用。倘若能运用得当,相信成长的每一步都将绽放光芒,绘就闪耀的前程。

都说教育是天底下最光荣的事业,也是颇具挑战的工作。辅导员离学生最近,是学生成长成才可依靠的重要力量,在担负光荣事业、迎接现实挑战方面责无旁贷。以上四对关系,或者说四对矛盾,或许还不能涵盖辅导员工作的全部要领,但却是辅导员走出迷雾、认清本源、明晰目标所需思考的内容。相信从文化中汲取智慧、从实践中获取经验、从思考中掌握路径,能够刻画出辅导员职业的幸福模样。

（书于 2021 年 3 月）

# 四个成语 说说服务学生 考研的工作秘诀

## ——写给正在为学生考研努力 奋发的老师们

一直以来，高校教师对于学生考研总有着别样的情感，或许是因为学生考研趋同于高校教师自身的学习经历，那些挑灯夜战的故事总是有许多相似之处；又或许考研已成为不少学生毕业后的求学选择，是他们追求更大价值实现的跳板之一；又或者考研的成功率在一定程度上反映出一所学校的学风状况、组织能力甚至学科水平。无论哪一种原因，都让考研成为如今大学生态的重要构成部分，自然也成为高校教师关注的焦点。

事实上，对学生考研甚是关心的教师可以分成两类：一类是专业教师，主要聚焦知识赋能，通过讲课和训练的方式进行知识传递，提升学生专业课方面的素养；另一类是管理型教师，具体为管理层教师、辅导员、班主任等，主要进行服务赋能,强化学生锚定目标的意识和情感。此处更多是从管理型教师视角出发,回答"如何做好考研服务、为考研学子撑起梦想之帆"之问。毫无疑问,帮助他人实现愿望并不容易,圆满的结局背后往往凝聚着各样付出、各类不易、各种感动。幸运的是,前人的智慧往往会成为后人思考和行动的力量源泉,为而今的解困破题输送由内而外的动力。由此,不妨从四个成语开始,领会成就高质量考研服务的要领之术。

第一个成语叫"擘肌分理"。该成语出自汉代张衡的《西京赋》:"若其五县游丽辩论之士,街谈巷议,弹射臧否,剖析毫厘,擘肌分理,所好生毛羽,所恶成创痏。"用在此处来说明如何明确考研服务相关的责任。应该说,以责任促行动,以行动释责任,是高校教育管理的基本遵循。那么考研深造工作到底是谁的责任,靠谁来行动呢?这个答案应是明确的,靠的是每条工作线、每个工作部门、每位老师。独木难支,孤掌难鸣,当责任观点成为共识,就势必会形成推力。在具体实践中,一方面要推动校院两级领导层认真研究部署"责任清单",明确每一项要做的事务;另一方面要聚焦于压实责任,让大家明确每一项能做、想做、要做的事务,以及具体的进度与要求,也就是常说的"划好责任田"。事项、要求、责任人明确了,作战图和路线图才能落到具体的肩膀上,才能把目标化为起跑令、作为标杆尺、形成驱动力。

第二个成语叫"各尽其能"。要让考研服务的每个齿轮都兴奋地转动起来,成为一台动力满满的"跑车"。都说目标在于明,过程在于实,考研服务其实是一项有组织、有体系的工作,充分体现为实打实的系统推进和闭环管理,重点体现在布"早"局、推"实"招、盖"全"域的全周期过程管理。综观考研成功率提升较快的院校,往往是辅导员老师、任课教师、班主任积极提高学生的积极性、主动性、专业性,他们通常坚持"多年一贯制"做法,对不同年级的学生精准施策,帮助学生早认知、早投入、早分析、早定位,同时配套开展规划、帮扶、结对、解疑等系列活动,以接续性举措和沉浸式环境激发学生的坚定意志和破难意念。此外,运用大数据剖析考研发展趋势、成功的方法,也逐渐在高校受到重视。比如,浙江理工大学纺织科学与工程学院采用"数字问诊"的方式,分析考上相应专业所需的学习分数、外语水平、志愿排布,以及未来的就业率、就业薪酬等数据,让考研学生备受鼓舞。正如有的考研学生面临调剂选择时颇为感叹:"咱们的辅导员老师真是全能,对跨专业考研、调剂等利弊分析比咱们自己专业的人还了解,而且很具有说服力。"从某种意义而言,每个考研服务齿轮的转动,都是育人初心的迸发,更是深化"三全育人"综合改革工作逻辑的充分折射,这也恰是学院、老师、学生真正构成"学习发展共同体"的有效彰显。

第三个成语叫"建章立制"。该成语出自三国时期魏国刘劭的《人物志·流业》:"建法立制,强国富人,是谓法家,管仲、商鞅是也。"其义在说明"法""制"对成人成事的积极作用。而今,考研服务工作并非传统意义上的高校育人工作,其具有鲜明的时代特征和阶段特性,特别是其服务学生成长成才、促进学校办学发展、满足社会人才需求的价值意义,客观上对机制创新与保障提出更高要求。针对这一特点,不少学校把制度建设作为提升考研服务质量的"撒手锏"并加以实践应用。其中,有的坚持需求导向,运用考研需求调研机制,强化课程、培训、考研教室座位等资源的精准供给;有的采用政策激励,对优秀学生进行预先录取,向好生源充分表达诚意,或对贡献突出的班主任、辅导员进行奖励;也有的把党建联建思维应用其中,通过师生党支部结对实施助研发展计划,充分发挥支部在推动考研深造中的堡垒作用和引领作用。在丰富多样、各显神通的方式之下,制度创新俨然成为考研服务因地制宜、因时而新的意义表达,从另一角度而言,或许更是一种物质与精神的双向驱动。

第四个成语叫"以终为始"。该成语最早出自《黄帝内经》,先人是在告诫后人要保持接续奋发的姿态,特别是在阶段性成果面前要坦然以对,从成果看下一阶段如何继续,从业绩看下一阶段如何提升,从趋势看下一阶段如何布局。教师通过"擘肌分理""各尽其能""建章立制",能够成就不少学生的考研梦想。但倘若从教育初心出发审视现状,有的地方还得再做思量,比如,成功率是否可以进一步提升,录取院校的层次是否可以更加科学,学科匹配的程度是否还能更高。最值得关注的应是那些执着于考研但不如愿的学生能否继续奋斗于"研路"。站在一张张考研光荣榜前,"进,往也"的接续意味或许应成为考研服务老师的内心主张。

应该说,四个成语并未完全概述考研服务的丰富内涵,但从布局、行动、保障和思考等四个角度加以把握,应能从中理解考研服务的系统性、细节性、规范性、长远性,进而以更广视野、更大决心和更深意蕴提升考研服务的质量与效能,为莘莘学子撑起考研梦想之帆。

（书于 2021 年 4 月）

# 三个场景说"用心"

## ——写给正在为成才而孜孜以求的青年朋友

从古至今，关于求得真才实学的方法众说纷纭，但"专注"，或者说"用心"总不会错。至于为何如此，应与知识增长的内生逻辑相符。然而，现实中，很多人虽然知晓这一道理，但若要付诸实际行动并非易事，不少人会直呼其难，半途而废。究其原因，可能与对"用心"二字的理解深度有关，从教育者的视角来看，更与如何有效传导"用心"之意相联系。事实上，中小幼阶段，很多人注重发挥中华优秀传统文化的教育价值，用耳熟能详、浅显易懂的方式揭示"用心"的意蕴所系，让其叩响求学心扉。面对成年学生，怎样创新性、创造性地讲好"用心"之课，已成为高校育人者的共同课题。其间，以生活性、具象性、共振性为特征的场景教育方式逐渐被大家所推崇。以下三个场景，或能对青年朋友特别是大学生理解"用心"有所启发。

　　第一个场景，让我们回到春秋时代的神州大地。主人公是春秋五霸之一楚庄王，他是一位年轻有为、英姿飒爽的君主，也就是"不鸣则已，一鸣惊人"的故事主人公。但就是这么一位鼎鼎大名的君主，竟然在答应大臣赴会后爽约了，而且爽约对象还是一位德高望重的老臣。之后，这位老臣在大堂之上责备君主食言之事。然而，等楚庄王讲过一番话后，所有大臣都被这位明君所折服。楚庄王这番话的大概意思是：有美食美景的约会当然很好，但我觉得自己根基尚浅，城府不够，入欲而难以自拔那就麻烦了。尤其是作为君王，可享受的待遇与要承担的风险成正比，一步不慎，满盘皆输。语意平实，但寓意深刻，其睿智之处，恰在于他能用心诠释"清心寡欲"，而不是肆意近欲。青年虽不是君王，也没有手握大权，但通过努力将来会成为重要掌舵者。换言之，对于门楣的荣耀、家族的兴盛来说，个个都应该是了不起的"楚庄王"。然而，在当今社会，来自现实世界和虚拟世界的各类诱惑铺天盖地，各类选择琳琅满目，各类风潮此起彼伏，如何经得起诱惑、看得准方向、听得进箴言，无疑是大学生须用心做好的选择题，也是必答题。"莫等闲，白了少年头"，当同赛道的奔跑者已经开始用心做学术、搞实践、钻问题的时候，彷徨、等待或心无靶向都容易错失机会，让自己处于落后地位。

　　第二个场景，来到20世纪60年代的美国华尔街。一天,一个打扮考究的人走进银行,此人乃美国股票界奇才——犹太人凯亚斯·豪。他到银行的目的只有一个,问银行能不能做实物抵押贷款。他准备用价值 50 万美元的纸质债券做抵押,贷款额度是 1 美元。当大家都想着用少量资产贷更多资金的时候,他却选择背道而驰,这是为什么?"醉翁之意不在酒",原来他想租用保险柜存放 50 万美元的纸质债券,但他问了华尔街所有银行,如果要租用保险柜,1 年的租金远比贷款 1 美元的利息高。相反,以 1 美元的代价让银行保管巨额债券这门生意显然具有超高的性价比! 如是所讲,作为青年,要用心观察、体验周围的世界,我们和这个空间的对话,并不只有单向流动,还可以多维互动。关键是要用心思考如何打破既定的、传统的、固化的思维模式。尤其在创新成为社会主流理念的当下,因循守旧乃至老气横秋,显然不符合青年应有的气质。在章法上多用心思考,以小见大,以逆扬正、以破促立,这是大学生在校期间应养成的好习惯,也是将来所需的硬本领。

第三个场景,来到 21 世纪的大学校园。故事主人公是一位循循善诱的青年学者。纵观他的大学生活,似乎并不太精彩,甚至是略有遗憾,因为没有忙碌的学科竞赛,没有精彩的社团活动,没有系统的学术训练。但他很用心地做了几件事情,包括在寝室扫了四年的地、打了四年的开水、坚持了四年的晨跑、玩了好几代音乐播放器、自学了两年的日语。这些看起来并不惹眼的事情，却因为一以贯之的用心，使他的生活区别于常人的朋友圈、工作圈、理财圈、文化圈，也让他在毕业后的人生之路上变得左右逢源、韧劲十足。现在的大学生生活，打热水不需要下楼，跑步不需要专门挑时段，听音乐可以随时用手机播放，学日语还可以请一对一家教，但物理空间的充裕并不等于情感空间的充实，所以我们看到寝室里、教室里，甚至食堂里，打游戏、追剧、刷小视频成为常态。一个寝室搞一个创新团队，天马行空想象、设计，共同做一件事情，岂不更好？万一梦想实现了呢！或者和前面这名青年一样用心做自己擅长的事情，融入一个梦想一致的团队，写下一本关于自己大学的书，都是大家可以做、能做到的事情。

三个场景故事其实可以浓缩成以下三句话：

多一点用心，因为"乱花渐欲迷人眼，浅草才能没马蹄"。要做欲望的睿智掌控者并不容易，如何把有限的精力投入无限的钻研中，是专注者必须回答的问题。

多一点用心，因为"沉舟侧畔千帆过，病树前头万木春"。要成为思维的睿智创造者，除了借鉴和传承，还要创新和尝试。从某种意义而言，人与人的物理构成都是相近的，但思维逻辑不同才是最根本的区别。

多一点用心，因为"为山九仞，功亏一篑"。大家都想坚持做睿智的运用者,但要持续不间断付诸行动并不简单,关键在于勇敢地迈出第一步,然后再坚定地迈出第二步、第三步。应该相信:事物的发展,离不开量变到质变的规律。就个人的成长而言,没有自然而然的生成,只有功成事立的到达。

（书于 2021 年 5 月）

# "丝"字不简单 十个汉字
# 道出廉洁意味

浙江理工大学创办于 1897 年,千年丝绸文脉、古今丝绸文明流淌于历届"浙理人"的血液之中,一直伴随着并激励着"浙理人"的奋斗历程,绵延至今。提及学校和"丝"的关系萌芽,还要追溯到学校创始人林启(曾任浙江道监察御史)。此人刚正廉明,因为上书慈禧反对挪用建海军的经费建造颐和园,被外放至浙江担任衢州知府。后因勤于治理,1896 年被调任杭州知府,1897 年创办了蚕学馆,这就是浙江理工大学的前身。从此,"浙理人"与"蚕丝"建立了不灭情缘。由"丝"字所衍生的精神内涵,也深刻影响着师生。据不完全统计,"丝"旁的汉字有 800 多个,与"丝"有关的则更多。本文通过挖掘其中几个蕴含廉洁深意的字,品味"浙理人"爱护名节、遵规守纪、坚毅执着等的廉洁精神。

第一个登场的字,叫"丝"。原意指"蚕所吐也"。众所周知,丝的最大特征在于其细微精致与洁白无瑕,这使得它成为织造绸缎的绝佳原料。现实生活中,人们强调严谨、遵规守纪的时候,往往会用到"丝"这个字。例如:针对科研数据,便是"差之毫厘,谬以千里";涉及日常工作,就要遵循"只有一丝不苟,方能行稳致远"的规律;面对现实中的各种诱惑,关于"是想纹丝不动,还是想混沌其中"的答案往往是鲜明的。此外,由丝组成的蚕茧,也往往被文人墨客视为守护名节、洁白无瑕的象征。如果蚕茧被污染,即使染上芝麻大的一个小黑点,这个蚕茧也会沦为废料而被舍弃。同时被舍弃的,还有里面的蚕蛹,也就是说,一旦被污染,受影响的还包括其"子孙后代"。换句话说,若以丝茧比喻人生,其准则之一就是要杜绝污点,因为污点虽小,但威力不小,守护名节是人生大事。

第二个登场的字,叫"纪"。这个字人们应该很熟悉,因为从幼儿园到大学,老师和家长"碎碎念"比较多的,可能就是这个"纪"字。该字始见于战国,"一丝必有其首,别之是为纪"。"纪"的本义指丝缕的头绪,引申为事物的开端,进一步引申出要领、法则、纲纪等意思。"纪"字的另一个含义是指在绳子上系个圈、打个结,用以记数和记事,标明物品的归属。在生产力不发达的时代,先人用这样的方式告诉人们什么是自己的、什么是别人的,别人的东西不能拿,自己的东西要放好。现实生活中,有人恰恰因为心中无"纪",拿了公家的、别人的东西而锒铛入狱,导致悲惨地度过余生。由字及人，不属于自己的东西再好也拿不得，因为伸手即违"纪"。

由"纪"人们往往会想到"纲"字，因为"纲纪"是社会的基本法则。"纲"的原意指提网的总绳，也就是一提这根绳子，全网的网眼就会张开，也即"壹引其纲，万目皆张"或"纲举目张"。因此，"纲"代表事物最主要、最关键的部分，引申为具有代表性、规范性、表率性、领导性的含义。正如《尚书·盘庚上》所言："若网在纲，有条而不紊。"所以，"纲"被大家认为是维持正常秩序必不可少的行为规范。由字及人，一个人没有纲纪之心，就如同一棵树缺了主干，经不起大风，自然成不了栋梁。一个家庭，若无纲纪之德，何以承载优良的家风家训？一个民族，若无纲纪之则，会变成一盘散沙，又谈何复兴强盛？

从遵规守纪到违反纲纪，其实就是一步之谣，就像人们平常说的"跨越了不该跨越的边缘"。"缘"字在小篆体中由两部分组成，分别是"丝"与"彖"。"丝"是指布帛，"彖"是指猪的嘴巴，它上吻部比下吻部大，嘴巴合拢时上吻包住下吻，故引申为包边，所以"缘"的本义就是衣服等物品的边和界。懂得边缘、知止不殆，是我们为人处世的根本准则。平时生活中，我们常听到这样的案例：有的人智商和情商都特别出众，毕业后还考上了公务员，但有一天他被开除了，原因是醉酒驾车。事情发生的过程正如很多人所料想的那样：与同事一块吃饭，侥幸心理作祟，不听劝阻，酒后驾车，被逮个正着，饭碗和前途都砸在自己跨越了法纪的边界上。现实生活中也不乏一些小事，比如拿错外卖不退还、捡到东西不归还，还有的在不了解实情的情况下，盲目跟帖评论，都是在不知不觉中跨越法纪和道德的边界，其后果有时候让人后悔不迭。

跨越了边界，违反了纲纪，等待的就是法律的严惩。我们把这个过程称为"绳之以法"。那为什么我们平常说的不是"抓之以法""拿之以法"呢？我们观察"绳"字的构成就会得到答案。"绳"，在篆文中由两个部分组成，分别是"糸"和"黾"，"黾"为一种繁殖能力很强的蛙类，所以"绳"的本义是用麻线或其他纤维交织缠绕而成，随着蛙的成长可以无限接续延长。也就是，"黾"长到哪里，"糸"就缠绕到哪里。物有长短，黾有好坏。如果这个黾是一种作恶多端的蛙，这根绳就相应扩展为一张"绳正"之网，正所谓"天网恢恢，疏而不漏"。如果电视剧《狂飙》中的主人公高启强、高启盛兄弟俩懂得"绳"的内涵，恐怕就不会那么"想吃鱼了"（"作恶"的代名词）。根据"绳"的约束、规范功能，"绳"后来又衍生出"正"和"直"的刚性意味，比如我们常说的"绳锯木断"，意思是：只要意志坚定，用绳子也可以锯断树木。作为今人，应时刻牢记"绳"的约束功能。

"绳锯木断"靠意志坚定，也靠久久为功。与"绳"意相近的还有一个字是"继"。"继"的甲骨文和金文"繼"像是将悬挂着的、被剪了三刀的丝连接起来，也就是把断了的丝接续、联系起来，由此才有了继续、继承、继任等衍生造词。变分为合、赓续不辍是"继"字的独特气质。唐宋八大家之首韩愈在名篇《进学解》中写道："焚膏油以继晷，恒兀兀以穷年。"这说的是起早贪黑的学习劲头。其实，这篇古文中还有一个名句，说的也是这个意思，叫"业精于勤，荒于嬉；行成于思，毁于随"。综观触碰道德和法治底线的那些人，他们往往有个共通点：曾经非常优秀、出众，有理想，有担当，但缺乏"继"的精神、执着的信念、久久为功的意识，结果因为"嬉"和"随"，把大好人生毁在半途上。

人品有优劣，物品也有好坏。人们常说，"金玉其外，败絮其中"。为什么"絮"会和"败"联系在一起呢？《说文》曰："絮，敝绵也。好者为绵，恶者为絮。"就是说：不好的丝棉叫"絮"。现实中，有的人虽然是大家眼中所谓的成功人士，在各方面都赞誉有加，但如果不注重自身廉洁素养的培养，无论外表怎么光鲜亮丽，总有一天会露馅，形象会坍塌。因此，我们就需要时常提醒自己，时常"纠"正自己。从《说文解字》来看，"纠"的本义是三股丝麻绞合的绳子。因此，"纠"相对于"绳"来说，更有强制力。怎么纠正呢？当然通过规矩来校正。这里的规矩，其实就是纺织人再熟悉不过的"经纬"。

就本义而言,"经"是指织布时梭子所穿织的竖向纱线,也就是编织物的纵线;"纬"则是编织物的横向纱线。这种交织不是随意而成,而是要遵循规律、规则。由此,"经纬"逐渐被人们引申为条理、秩序、规矩的象征,正所谓有条不紊、井然有序。蚕丝、纤维只有按照一定的经纬规则相互交织,才能成就纺织科技,进而制作出外形精美、质量精良的织物,以及功能强大的线缆。反之,若是不遵守这样的规则,蚕丝、纤维只能是散丝一团。如果破坏了这样的规则,在整块精美的布料上割断一小块经纬线,慢慢就会变为一个大洞,正所谓"小洞不补,大洞吃苦"。从社会来说,也是如此,人不以规矩则废,家不以规矩则殆,国不以规矩则乱。

由丝育理,可知廉意。以上十个与"丝"相关的汉字,虽笔画不一、寓意不同,但都源于丝、发于绵,也都蕴含丰富的为人处世之道,比如做人要清白、守规矩,做事要执着、知敬畏,要经得起"经纬"和"准绳"的检验。这些都是廉洁素质的重要构成,也是浙江理工大学从筚路蓝缕到辉煌的精神源头所在。先人尚且如此,后人怎不传承?答案分明,且看行动。

(书于 2023 年 7 月)

# 有心积累：高校辅导员提升职业核心素养的必由之径

　　身边不少辅导员总会在工作之余，思考细碎事务与未来成长之间的联系，以透视职业发展路径，进而提升个人职业核心素养。然而，掰着手指头回忆往昔的同时，总会觉得酸甜苦辣尽在其中，但就获得而言，却往往无可名状。也许，这也是许多辅导员工作一段时间后就匆匆离岗的原因之一。作为过来人，我很能理解此类求而未得的急切心情，毕竟他们中的很多人没有教育学的学科背景、育人的工作经历以及系统的指导学习过程，要能做到"拨开迷雾见日出"，对于入职不久的青年人而言并不容易。欲解此惑，或许应深刻理解一句俗话——"吃得苦上苦，方为人上人"，其浅层意思是吃苦有益，深层意思则是"九层之台，起于累土"，也就是遵循从量变到质变的基本逻辑。当然，"吃苦"并不能涵盖辅导员的全部核心素养。高校辅导员核心素养具有多元、多样的特征，且从不同视角审视，得出的答案也不尽相同。但从职业化、专业化发展的

视角而言,有个核心素养需要重视,那便是"吃苦且有心",通俗点讲,就叫"有心积累"。我们可以从以下几个方面加以理解:

其一,有心积累"辩证看事"之道。笛卡儿曾说:"我思故我在。"这个观点富有较浓的主观色彩,但从中可以借鉴的是:只有思考充分才能让工作富有存在感。这是不少工作需要坚守的重要法则。正如历年来的教育教学成果奖中,很多成果都是高立意、小切口。比如,用创新主题班会模式来学习社会主义核心价值观,用某个地域的专题实践讲思政育人的协同价值,通过系统设置课堂讨论提升课堂教学质量,等等。虽然点很小,但教育教学改革的意味很深,与实际工作的结合也很紧密。究其深层原因,还是其具有极高的接受度和极强的启发性。而怎样才能达到这一水准呢?答案自然是:很多工作只有纵深才能阔面,根深才能枝茂。"纵深"就是接触得多、思考得深、谋划得实。没有一线的体验、具体的实践,要做到纵深几无可能,也就是说,对辅导员而言,称赞其"努力"是平常的,评价其"有想法、有思考",才是对其知识与能力的双重肯定。

其二,有心积累"与人相处"之术。"人"是最活跃的因素,而做辅导员工作最不能偏离的就是"人"这一要素。纵观近年来辅导员阵线涌现出的典型人物,其最大交集就是发挥辅导员工作面向"人"的机制优势、资源优势、能力优势。换言之，与学生的密切程度和做辅导员的收获程度是成正比的。如果说育人工作分成若干领域，那么辅导员区别于其他领域的最鲜明之处在于其高效工作的基础——和学生的交心，得到学生的认可，赢得学生的支持。这一规律在实际工作中具有较强的应用性。我曾听闻一位领导提及，很多管理岗位会从辅导员队伍中选拔，这并不是因为辅导员的科研能力强或教学资历深，而是因为他们比许多岗位的老师更懂如何看人、识人、近人、用人，毕竟人和情感才是这个世界上最弥足珍贵的。

其三，有心积累"回望来路"之法。总结是前进的动力源和纠正器，不善于总结的工作方式往往会造成不善于开拓的工作思路。不少辅导员会不自觉萌生"碌碌无为"的感受，其根源是缺乏对经历与经验的提炼，而恰恰是"提炼"这一素养决定了他们职业生涯的可感度、满意度。比如，关于学生请假，不善于总结的人往往会把其当作工作事务来对待，而善于总结的人却能够发现请假频次、请假缘由、请假时间等要素，并提炼学生的行为轨迹、课程满意度以及学生处理日常事务的意识与能力等，继而形成针对性举措、改革性意见，乃至构建趋势分析与应对体系，从而成为事务管理的研究和实践能手。从另一个角度而言，经验总结法对人的训练是全方位的，比如长板回顾、短板透视、症结解析等,这些都是高校教师的必备素养。由事及理,由理处世。教育者的使命,不在于著书立说,而在于用专业的经验和经历影响人、塑造人,这是千百年来教育工作者的历史自觉和历史自信所在。

"纸上得来终觉浅,绝知此事要躬行。"辅导员并非天生的教育者,也并非天生就能深谙教育之道,关键还是要看在哪一方面能久久为功、在哪个方向能蓄水成池。面对各种事务性工作,牢记作为教育者的站位,入木三分见本性、与人相安见本义、抽丝剥茧见本质,这是新时代辅导员职业化、专业化的重要表征。

(书于 2023 年 8 月)

# 第二篇：以文厉行

"文化"并不仅仅是一种静态的形式，其更重要的价值在于它蕴含的"化人"与"厉行"的双重意义。运用文化视角解析日常工作的内在逻辑，发现寻常事物富含的育人价值，恰是育人工作者核心素养的显现之处。倘若把文化育人的多重功能融入"解题破题"全过程中，其整合性效果将更凸显文化的贯通效应和链接作用，这或是"以文化人"的精妙所在。

# 弘扬中华优秀传统文化：
# 让预科教育更有深度的秘诀

## ——记浙江理工大学"三维三能"少数民族预科生教育管理模式的探索与实践

少数民族预科制度是国家少数民族政策的有机组成部分，是培养少数民族人才、中国特色社会主义事业建设者和接班人的重要依托。浙江理工大学作为一所立足浙江、辐射全国的百年学府和省属重点建设大学，一直以来高度重视民族团结工作，深化"五个认同"教育，强化"三个离不开"意识，曾获"浙江省民族团结进步模范集体"称号。2018 年，学校开始接收新疆少数民族预科生，其间，学校践行立德树人的根本任务，增强铸牢中华民族共同体意识，依托综合型大学在学科、专业与文化等方面的独特优势，确定以满足少数民族学生学业发展需求、全面成才需求为工作靶向，贯通运用"以文化自信驱动学生成才发展的内在规律"，注重发挥中华优秀传统文化的精神感召力、智慧引领力、内容渗透力,逐步建立起面向少数民族预科生的"三维三能"教育管理模式。该模式实现传统文化与课堂教学、制度建设、实践育人的"三维联动",激发传统文化在强化课堂教学机能、制度管理效能、实践成才动能三个方面的正向要素,大力培养具有浓厚的中华民族共同体意识、较高的知识文化素养、扎实的知识转化能力的少数民族预科生。该模式受到了校内外广泛关注。

# 一、写好"融"字文章,以"三维"促"三能"

## (一)突出传统文化思想内核,强化课堂教学机能

### 1.实施渗透式教学计划

针对预科生在语言和文字表达上的短板,学校在严格执行上级关于预科生培养要求的基础上,优化传统文化类必修课、实践课的布局,形成知识要点与文化内容的有机融合,组织资深教学团队开设"国语""阅读与写作"等专修课程,设置写作类、演讲类、研学类实践学分制,把传统文化运用到语言、写作等知识性传导、思想性启蒙过程中,构建以传统文化的认知、理解、实践、再认知为轴线的循环式、渗透式课程体系,系统打开学生"文化求知欲开关"。

2.实施启发式教学方法

预科生往往来自边疆地区，有着较为复杂的民族构成和文化基因，知识基础和学习能力也普遍较弱，对教师而言显然是挑战和考验。学校立足学生实际和教学要求，注重把文化自信转化为教学要素融入教学全过程，系统实施针对教师、结合学科的传统文化内容培训，提高教学技能，丰富教育内容。依托传统文化的丰富内涵和多样形式，实施问题引发、焦点促发、评价激发的启发式教学方法，推动学生参与课堂讨论、形成课堂互动、促发思想行动，转变生硬的"单向灌输式"课堂场景为"双向互动式"课堂场景。在气氛相对活跃的课堂上，学生成为推动教学相长、提升课堂教学质量的显性力量，对于教师提高知识与理念的传导效率形成正向推力。

3.实施课题式教学研究

针对预科教育这一新事物，学校坚持"研究面向实践、实践助推研究"的思路，分级分类实施"传统文化＋预科教育"的教改课题研究、统战课题研究。预科班所在的史量才新闻与传播学院发挥"思政名师工作室""三育人文化研究所""传统文化实验室""传统文化研究所"等教学研究机构力量，面向教师、辅导员和班主任设立教学实践性课题，以研究助推教育教学。得益于研究成果的支撑，教师构建起"研究、教学、实践"三位一体传导模式，其教学技能与方法有了用武之地,教师的获得感和内驱力也由此得到大幅提升。

### (二)突出传统文化教育内涵,强化制度管理效能

1."制度 + 文化",凸显行为规范导向

学校实施"制度先行、科学管理"的行为导向机制,结合预科生的学业基础、课程设置、分流办法,推动优秀传统文化的"志、和、学、律、信、乐、义、创"八大要素作为学生的日常行为准则,分别指向学生的信念意识、集体意识、学习意识、纪律意识、诚信意识、心理意识、责任意识、创新意识。同时,建立院、班、组三级考核体系,采用过程化、指标化、数字化相结合的考评方法,推动学生认识行为导向、加深行为理解、养成行为规范,在规范养成中,自觉成为传统文化的传承者和践行者。

2."管理 + 文化",凸显全面成才导向

坚持以文化熏陶提升管理效能的工作思路,注重制度刚性管理和人文柔性管理并行,以传统文化引领力牵引学生全面成才的能动力。学校常年开设"传统文化 +"党校党课教学,以传统文化视角激发预科生明晰理想信仰与人生追求;设立"早读间""晚修堂",不间断实施早自习和晚自习制度;打造爱国风与传统风相结合的教室、寝室场景,形成"全天候、全过程、全方位"的人文氛围覆盖,维护良

好行为秩序,培养自觉成才意识,进而转化为促进校园稳
定、营造和谐成才环境的有生力量。

**（三）突出传统文化教育内力,强化实践成才动能**

1.增强传统文化实践体验

读万卷书与行万里路的辩证统一推动实践成为教育
教学的重要环节。预科班所在的学院结合一年级德育工
程,办有"传统文化书院"。预科生作为书院的学员,被书
院全程培养：一方面,定期参加传统文化方向的知识讲
座、主题交流;另一方面,参加以"弘扬和传承传统文化"
为方向的文化体验系列活动,例如传统文化主题的开学
典礼、毕业典礼、班日活动、团日活动等,增强传统文化
认知。

2.加强传统文化实践运用

学生在传统文化方面"易知难用"的现实短板比较明
显,学校相应推出"赛事练手、实训练兵"的系列文化实践
活动,设立专项工作经费和育人基金,协同校友、企业,针
对预科生开展知识技能、民族文化、心理健康、阳光体育等
赛事和活动,做到周周有项目、月月有主题,并实行小组比
拼制、团队合作制,达到全覆盖效果,进而提升学生的知识
转化能力和创新实践能力。

# 二、深挖"新"意逻辑,从"文化"看"育人"

## (一)文化课堂点亮学习乐趣

增强课堂育人效果是实现高质量育人的关键所在。学校注重打造乐趣型课堂,以契合预科生的年龄、兴趣特点,尤其是把传统文化的要素有机植入课堂元素中,实施启发式、互动式教学,变学生的被动接受为主动接受,以增强学生参与课堂教学的主观能动性,打造共同话题,并激发学生讨论和交流。学生通过读、讲、论、演通俗易懂的事例、案例,了解并感知传统文化的思维逻辑,积累知识文化储备,从而与大学阶段的学习精神和学习方法形成有效衔接。

## (二)文化制度塑造精神气质

制度是提升教学质效的重要保障。学校坚持把传统文化的精髓融入日常管理制度中,建立拥有文化标识、具有文化特色、富有文化内涵的制度规范,一改制度原有的"生冷"印象,发挥制度内在的文化激发、思想促发作用。同时,依托制度的要求,建立辅导员、班主任、班委三级观察体系、考核机制，培养学生自我管理和服务的能力素养，在增强班级凝聚力、提高个人执行力中建立有效支撑点。

### （三）文化擂台丰富成才场景

相对于课堂启发和制度保障，自我价值的塑造与发挥有着更为深刻的激发效果和驱动效应。由此，学校把传统文化的接受与表达方式应用到校园生活中，打造知识性、趣味性、实践性相结合的文化比拼擂台，设立专项扶持经费 2 项，每年设立专项赛事 5 个、专题活动 8 项，激励学生运用传统文化进行求新、求异的思想与行为表达，与课堂主阵地形成互补，与其他民族群体进行交流，并有效运用媒体融合的方式，增强传播效果。多样化的育人载体调动了预科生的向学积极性，他们在这一过程中内化知识和外化行为。

## 三、诠释"实"字要领，从"效果"悟"导向"

### （一）民族团结的意识日趋增强

据走访、调查、观察和多方评价，铸牢中华民族共同体意识已成为全体预科生的共识。特别是在日常行为方面可见一斑,比如:符合年龄要求的预科生递交入党申请书率达100%;历年来,预科阶段的学生违纪处分情况维持为零;根据年度考评机制,学生日常行为考核综合分均在良好以上,且优秀率超过1/3;学生积极参与社会公益活动且表现突出,其中志愿参加的"五月鲜花"录制活动还受到浙江省广电通报表扬2次。

### (二)人才培养质量得到有效保障

在教学评价和制度效能的双重激励下,预科班的学风深受学校好评。班级多次获得"学院年度学风先进单位",考试不及格率始终维持在接近零的水平,历届全部学生均进入理想的分流专业,教学满意度维持在90%以上。此外,"传统文化融入少数民族教育"的研究氛围日益浓厚,近3年获得浙江省重大舆情调查研究课题1项、校级教改重点研究项目2项、校级统战重点项目1项,一般类项目4项,发表核心期刊学术论文4篇。

### (三)民族团结氛围得到充分彰显

"和而不同"的传统文化思维,使得预科生成为校园内宣传民族团结的典型代言,其中以传统文化、民族文化为内蕴的民族文化节、开学典礼、文体友谊赛、摄影比赛、团日汇演、美食体验等活动享誉全校,并受到中国新闻网、团省委浙新网、腾讯大浙网、浙江民宗等媒体报道。

（书于 2020 年 1 月）

# 志智双扶:从励志成长到自信成才的动力迸发

## ——记浙江理工大学发展性资助项目"智慧打工"

"资助"是我国高等教育领域的一个鲜亮词语,其既蕴含浓浓的人间暖意,也折射出教育公平的正气浩然,让数以万计的寒门学子走上更为坚定、砥砺向上的人生道路。这一过程中,伴随各项事业的蓬勃发展、教育教学改革的逐步深入,资助工作早已实现从单一到复合、从助人到育人的发展性跃级。让寒门学子更深体会资助的意义所含、价值所附、方向所指、行动所要,进而转化为成才自信,已成为当前发展性资助的要义所在。从 2018 年开始,浙江理工大学史量才新闻与传播学院探索实践"以志智双扶为内核、以精神成人为主导、以专业成才为主线、以全面发展为主旨"的"智慧打工"项目,成为活跃在校园里的资助育人佳话。究其要素,有以下几点值得回味。

# 一、遵循实际，"志智双扶"叩响众人心扉

## （一）从"全"覆盖到"深"覆盖

近年来，百年学府浙江理工大学坚持以"奖、助、勤、贷、补、减（免）"六位一体的保障性资助体系为抓手，推进资助政策的严落实、全覆盖，逐步形成资助与发展相结合、励志与强能相结合、管理与育人相结合、学习与实践相结合的"发展性资助计划"。史量才新闻与传播学院作为一个以人文学科为特色和优势的学院，紧扣专业学科特点和人才培养工作特性，在推进发展性资助的过程中，立足扶贫与扶志相结合的双扶教育内涵要求，以"资助＋"的模式，创设"智慧打工"项目，聚焦勤工助学、志愿服务在锻炼学生专业技能、提升专业水平中的赋能效应，推动形成从受助到施才、从施才到奉献的良性循环，从而使困难生找到作为媒体人、新闻人的精神靶心和发展动能，实现资助工作对困难生生活空间、学习空间和工作空间的深度覆盖。

## （二）从单向模式到联动模式

授人以鱼，不如授人以渔。传统的"六位一体"保障

性资助政策以单向的给予方式解决困难生衣食无着的现实困难,但正所谓"富而知礼",使困难生实现从富起来到强起来,是高校资助育人工作应有的价值本位。在前期的调研中,学院发现历年来困难生中学业、专业、就业"困难户"比例较一般群体高,成才发展的需求鲜明且迫切,这使得学院逐步在资助工作中确立"不仅要帮扶他们一程,更重要的是助力他们成一业、立一命"的理念,与课堂主阵地、勤工俭学基地、学院党建服务基地、社会资源等有效联动,共同助推他们的专业思想、事业观念、人生抱负,从而实现真正意义的"精神脱贫、精准脱贫"。

## (三)从"助人"质量到"育人"质量

《论语·述而》有曰:"德之不修,学之不讲,闻义不能徙,不善不能改,是吾忧也。"意思是说,作为学子,不修炼道德品行,知识表达不了,道义传递不了,短板补齐不了,是老师应该担心的。学院以报业巨子史量才命名,由杭州市委宣传部和浙江理工大学共建。办学近20年来,培养了一大批"舆论喉舌"行业的精英,"铁肩担道义,妙手著文章"成为他们共同的精神标签,而能形成此类标签,主要归于两个要素,即思辨能力和传播能力,相对应的就是勤于思考和善于表达的素养。参加勤工俭学和志愿服务的困难生,相较于其他学生有更多的生活、工作体验,也有更为特殊且强烈的成才意愿和动能。"智慧打工"运行集"观、写、评、播"于一体的实训模式，发挥寒门学子的经历、经验优势，培养专业技能，促进专业思维，激励专业发展，为他们的全面成才进行赋能，从而实现人才培养质量的进一步提升。

## 二、遵循规律，"志智双扶"促进师生教学相长

### （一）知识与技能同时升级

"智慧打工"项目实施包括文字训练营和技能训练营两个方向。其中，文字训练营面向每一位勤工助学的困难生，学生结合自身经历、岗位特点和月度主题进行方向性思考，并创作诗歌、散文、新闻评论、焦点观察、人物访谈等文学作品，做到"一月一短文"，培养他们在行动中思考、在思考中落笔的习惯。截至目前，学院已累计收到学生各类原创作品 1500 余篇，字数超过 30 万字，都是学生对岗位体验、大学生活、时事判断等方面的深度思考。技能训练营则依托本科生导师和勤工助学基地，强化学生所学技能的运用能力。比如，带领学生参加相关教师的教学辅助和课题研究，强化学生调查研究、活动设计、方案执行等方面的能力；又比如，基地指导老师用"师傅带徒弟"的作坊

模式,让学生进入办公室、实验室的管理、沟通、服务实战平台。这一过程中涌现了许多从"新手"摇身变为"能手"的故事。

### (二)保障与激励同时进行

学院设立爱心基金和文学类人才培养基金,专门用于保障项目的日常资助与运行,并融合党建先锋岗机制,进行朋辈帮扶,保障项目顺利开展。其间,对于收集到的稿件,学院建立助困辅导员负责、学生"自我管理、自我教育、自我监督"的运行机制,举办分享会、擂台季等活动,评比、选拔阶段性优秀作品、年度人物等,以评促建;对于筛选出来的优秀作品,学院不仅将其作为官微的优秀素材,还通过互动交流、共享推广,增强传播共振辐射效应。此外,学院结合学生学术能力的培养要求,把百篇优秀作品汇编成书,并将其列为部校共建重点成果项目。学生的日常思考变成了实实在在的、公开传播的文学作品,学生的学术能力得到彰显、专业支撑得到强化,从而真正从中受益。

### (三)学生与学校同时满意

项目持续性、系统性推进,汇聚了学院内外、师生上下的共同能量,有机植入困难生的学业发展、职业发展以及学院乃至学校的办学发展之中。以 2019 届毕业生为例，25 名困难生中，5 人考上研究生，1 人考上教师编制，2 人参加"两项计划"，其余均在专业相关领域实现了百分之百就业；在近年来的学年综合测评中，超过 1/3 的困难生凭借出众的综合素养，获得了相应的奖学金，且获奖比例逐年提升；许多学生得益于项目的锻炼，成为学校校报、学院全媒体中心以及许多单位的文字编写、主持岗位的"抢手货"。用基地指导老师的话说："他们已经从学校的服务对象，成为教学、科研、管理的直接参与者、贡献者。"项目还联动学校资源，开展励志结对帮扶，传递励志精神文化，发动捐资设立"'三格'小记者"专项基金，与四川乐山金河镇小学共建"写作人才培育基地"，协同小学培养后起之秀。项目取得突出的社会效应，被浙江省学生资助中心列为"三进三服务"典型案例，3 家省级媒体对项目进行专门报道达 10 余次。

## 三、遵循逻辑，"志智双扶"折射改革动因

### （一）"以学生为中心"是深化资助育人工作的根本

资助是过程，育人是目标，只有考虑到学生的现实需求和现实短板，工作的实效性才能得到充分激发。比如，

在项目推进过程中原本轻松的工作会附加额外的工作量，这使不少学生内心产生顾虑，但和老师沟通并训练几次后，他们发现自身确实存在某方面的短板。此时，学院及时通过专业评价、活动表彰和成果展示等过程化举措，走进学生内心。这样一来，学生对项目的认可度和参与度就大大提升了。同时，高校资助工作也从一项单纯的管理工作转变为面向学生乃至教师的思政工作、育人工作。

### （二）"单打独斗"非资助育人工作的应有模式

协同创新是资助育人工作的应有之义和发展动能。纵观项目的推进与发展，一方面，项目能够享受到浙江省推进发展性资助工作的红利，得益于学院在推进发展性资助工作中迸发的创造力、执行力，以项目化、个性化的方式开展资助育人工作，推动资助工作和育人工作有机融合；另一方面，项目的立意与模式颇受各界肯定，得到了来自学校、校友和企业的多方支持，其中，2项扶持基金均来自校友和企业的捐助。校友和企业不单出钱，还与院内老师一起，为困难生提供考研心得、职业规划、技能辅导、心理疏导等方面的咨询服务，有的甚至还直接安排岗位，有针对性地提供实习锻炼、志愿服务的机会。这些义举感染了学生，从而外化为学生成长成才的助推力。

## （三）"融合发展"是资助育人工作的重中之重

自项目实施以来，其融合性和发展性特征不仅促进了项目的发展，提升了项目的质量，还成为资助育人工作的有力支撑。在盘点有关成果时，发现项目的资源整合力度、力量聚合程度还有待持续加强，尤其是在专业覆盖和峰值创造上存在一定短板。在对学生的过程考核、效果评价、综合鉴定方面，还缺乏较为系统化、人性化的制度保障，需要在完善机制的过程中，进一步突出资助育人工作与人才培养、科学研究、社会服务、文化传承与创新等高校职能的同频共振，优化品牌化、研究性的建设路径，切实推进资助育人工作模式的改革，并挖掘其深远意义。

（书于 2020 年 6 月）

# 运用"三课堂"打造校园文化育人新坐标

## ——记浙江理工大学史量才新闻与传播学院传统文化书院

传统文化书院是浙江理工大学思政课名师工作室——方平工作室在坚决贯彻中共中央办公厅、国务院办公厅《关于实施中华优秀传统文化传承发展工程的意见》的过程中，牢牢立足于学校综合型办学现状、学科特色鲜明的办学优势，致力于中华优秀传统文化的传承和弘扬而打造的主题性、特色化、优势型文化育人项目。书院秉持"砥砺、传承、创新、弘扬"的理念，构建以传统文化为核心内容的"三课堂"（专业课堂、实践课堂、学术课堂）联动教育教学模式，贯穿人才培养、科学研究、社会服务、文化传承与创新全过程，聚焦培养学生传统文化素养，实现传统文化在学生群体中的有效覆盖。目前，传统文化书院已成为活跃在教育教学和校园文化一线的育人品牌。

对于书院的探索实践始于 2018 年，系浙江理工大学教育教学改革重点研究课题的阶段性成果，由方平工作室承担具体的策划、实施与监测评估。书院坚持"以本为本、文化育人"，实施"三课堂"联动育人模式，内容上讲求主题性，形式上讲求亲民性，效应上讲求辐射性，着力形成传统文化育人的强大势能，打造特色型文化育人品牌。究其特质，主要包含两个方面。

## 一、创设"三课堂"，让青年感知"知识、兴趣、研究"之乐

### （一）知识导引，建设专业课堂育人阵地

书院牢牢依托所在学院人文学科的师资、学术资源，对传统文化进行方向性、系统化梳理，形成"四年一贯制"融入和培养机制，并纳入学生专业培养计划中，以知识化、体系化、课程化为导向推进传统文化的专业内容输出，在原有课程的基础上，开设诗词文学、经典影视、主题会展等十余个传统文化主题，聘请资深教授、专家进行授课，培育学生认知传统文化的自觉自信意识，完善学生文化知识结构，使学生形成方向性学习点和自发性兴趣点。实践证明，传统文化的内容深受学生喜爱，老生选课覆盖率均在90%以上，且深受留学生喜爱。许多课程的小组式教学模

式补齐了"大课"满堂灌的短板,引导学生在传统文化的纵深上下功夫。针对大一新生专业课选课较晚的现状,书院给新生发放《论语》一书,以诵读《论语》开启大学之路;并组织精品师资和校外专家,结合早晚自习机制,举办系列课堂讲座,帮助新生上好传统文化专业启蒙课。该做法赢得新华网、中新社等国家级媒体的高度关注。

## (二)兴趣导向,拓展实践课堂育人平台

书院办学立足学生的意识兴趣点和行为激发点,创新知识获得、场景体验、技能运用的方式,丰富实践课程的形式与内容。书院对校园文化品牌项目"传统文化节"进行升级改造,推动文化节以全方位、全覆盖和全媒体的视角切入书院的实践应用教学,并充分依托互联网平台,形成信息分发和粉丝集聚效应。得益于该模式的有力推动,传统文化节过节方式由传统的老师为主体监管实施,转向学生为主体的自创、自导,集内容创意设计、行动计划落实、后期传播辐射于一体。自 2017 年第十一届传统文化节开始,学院围绕"孝、美、勤、礼、善、律、义、志"等传统文化核心元素,以季为单位,开展项目,既有听、说、读、写等特质的传统项目,又有编、导、演、播等专业特质的新兴项目。其中,纳兰话剧社的话剧演出每期都能做到"一票难求",开展诗话时事比赛,以家风家训为内容制作抖音微视频、

明信片，以及邻里对联大比拼，方言问候语展示，书法、版画技艺切磋，主题性街访、街拍等一大批创意项目，通过线上线下相结合的方式进行传播和展示，深受学生以及家长喜爱。书院强化"开放办学"理念，联动企业、行业共同投入传统文化的传播和人才的培养，引入专项基金，在杭州桐庐建立"孝"文化实践基地，与 7 家校外单位建立传统文化书院教学实践基地，延伸校企横向合作项目 5 个。以合作项目"律文化"为例，设立以传统文化为内核的研究平台和育人基金，开展国家级大学生创新创业训练计划 2 项，举办"互联网＋"大学生创新创业赛事，40 多名学生在文化创意媒体岗位得到锻炼。此外，以传统文化行业为就业方向和将其作为职业首选的毕业生逐年增加，依托传统文化教学进行自主创业的工作室、"地摊主"、自媒体等不断涌现。

## （三）研究导航，强化学术课堂育人功能

书院注重研究与实践并行，且坚持"四年一贯制"学术研究能力培养模式。其中一年级突出传统文化型的知识方向引导，有机融合德育工程，营造学术研究氛围；二年级突出知识运用能力挖掘，强化调查研究方法训练；三年级突出考研、创业、专业应用实践等方向性培养；四年级突出职业体验与观察，带着课题进入实习单位。一直以来，

书院积极组织学生导师在明代邸报、丝绸文化、训诂学、儒家思想等方面开展研究,开展了十多项国家社科项目和省部级、厅局级研究课题,并在核心期刊发表论文数十篇。"师傅带徒弟"的工作坊模式,让一届又一届学生得到学术成长。书院还组织专家编撰文学著作经典读本,为传统文化的内容制造提供良好的书面素材。得益于此,学院的研究生录取率实现三年翻一番,文化创意类就业与职业发展优势突出,连续四年获得学校就业创业先进单位,毕业生满意度和用人单位满意度稳居各专业前列。

## 二、汇聚"三力量",显文化"传导、覆盖、协同"之势

### (一)依托传统文化的引力,有效丰富知识传导路径

中华传统文化与中华民族之间具有天然的精神纽带。以传统文化为内容的知识牵引,能更大限度地激发学生的求知欲望和成才动能。在原有课程体系的基础上,进一步优化人才培养方案,凸出传统文化与专业课程、实践课程的融合,增加文学类、知识类、实践类课时,深度挖掘、精准传递传统文化的历史积淀、时代元素,增强学生文化传承与创新的基本功。同时,充分依托导师制,组建以传统文化为研究方向的学生科研团队,在文化纵深上下足功夫,

通过开设传统文化导师工作坊、访谈室、资料室等，打造门类齐全、点面呼应的精要内容，开辟专业化、知识化办院之路。

**（二）依托传统文化的张力，着力扩大文化势能覆盖范围**

经过千年沉淀与发展，以共创、共享、共生为内蕴的传统文化张力，能充分激发相关专业的独特优势，特别是运用"互联网＋"思维，文化育人的延伸效果更加鲜明，学生内心的潜能被充分激发。书院因势利导，深化活动宣传、成果展示、场景体验等网络展示平台，开发传统文化书院网络学习、公开评测项目，激发受众的主体参与和客体反馈意识。此外，通过举办网上传统文化节，凸显轻应用、轻承载特点，突破院际、校际物理局限，与学风建设、励志教育结合，做到广覆盖、强链接，构建起面向学生的文化生态圈。书院还联合学校青促会，开设面向教师的"传统文化成长营"，推动各学科间的优势融合，从而形成交叉、叠加效应。

**（三）依托传统文化的渗透力，有利于激活协同育人效应**

书院坚持以"内外协同"为推手，把传统文化融入校内外广播、报纸、电台等传统媒体以及各类新兴媒体端中，打造手机、寝室、课堂、食堂等多场景化教育教学平台,契合学生的多样化、个性化需求,契合社会信息的平流化、短程化特征,打造"全天候、全程化、全方位"文化育人格局。值得一提的是,书院注重校内外协同育人力量的生成与引入,联动省内权威媒体和校友企业、行业标杆单位,开展校企合作,共同打造基于红色基因、创新素养、工匠精神的传统文化育人品牌,推动文化育人的发展。此外,书院立足国际化发展视野,依托孔子学院,顺应行业发展和"一带一路"倡议要求,组织学生参加传统文化国际研学项目,让学生在拓宽视域中增强成才自信自觉。这恰是文化育人驱动个人发展的多元特征所在。

（书于 2020 年 9 月）

# 走出去:坚定文化自信的内驱动能与实现路径

## ——记浙江理工大学纺织科学与工程学院"四驱型"社会实践

习近平总书记强调:"文化是一个国家、一个民族的灵魂。文化兴国运兴,文化强民族强。没有高度的文化自信,没有文化的繁荣兴盛,就没有中华民族伟大复兴。"大学生是思想特别活跃、知识储备相对较足的青年群体,是文化传承与创新的主力军和践行者。推动大学生自觉融入文化传承与创新实践,恰是根植大学生文化自信的本义所在。这一过程,不仅要牢牢依托完善的课堂教学、多彩的校园生活、丰富的网络资源,还需要高校秉持"社会也是一所大学"的全方位育人理念,充分认清"到社会熔炉历练"在促进大学生了解文化、认同文化中的深刻意义,推动大学生实现从文化自信到行为自觉的正向提升。

社会实践作为高校有组织"走出去"的方式之一,不同于一般的实习见习和常规的实践教学,其要义在于紧紧围绕立德树人根本任务,把"受教育、长才干、做贡献"的宗旨与培养中国特色社会主义事业建设者和接班人的使命有机结合起来,把"文化自信是更基础、更广泛、更深厚的自信"的深刻内涵融入其中。纵观不少高校的社会实践,往往存在走马观花、浅尝辄止的短板,导致学生在把握实践的要义上少了认同感、多了被动感,在实践内容上看重外延型、轻视内涵型,在实践方式上增了保守性、减了创新性。究其原因,很大程度上在于忽略了社会实践与文化自信的一体贯通。而科学解析并有效运用这一贯通规律,对推动大学生开展高质量社会实践和实现高水平文化自信大有裨益。

# 一、社会实践与文化自信的共生逻辑

## (一)社会实践是大学生坚定文化自信的重要动能

文化是人类在社会实践过程中获得的物质、精神生产能力和创造的物质、精神财富的总和。对于大学生而言,坚定文化自信,既需要把握"坚定什么样的文化"之问,也要解答"怎样做到文化自信"之题。经过大学课堂系统化的知识传输和文化激发,大学生的求知欲被调动,同时被调动的理应还有"实践是检验真理的唯一标准"的信念。通过有效组织与发动,大学生会在踏山河、亲民生、察世间的过程中,找到蕴藏在中国大地上的文化自信之源、之形、之质、之魂,强化对所学的认知,真正实现文化自信从抽象到具象、从外敷到内植、从认识到坚定的跨越。

## (二)坚定文化自信是高质量社会实践的必由路径

社会实践既是大学生面向校园外现实世界的探索行为,也是高校面向学生全面成才开展的教育活动,倘若缺乏精神价值引领,社会实践难免会成为无本之木、无髓之骨,这也是诸多实践走过场、走不远的主要症结。反之,坚定以天下为公、民为邦本、为政以德、革故鼎新、任人唯贤、天人合一、自强不息、厚德载物、讲信修睦、亲仁善邻等中华优秀传统文化精神内核为核心要素的社会实践,不仅能在内涵上形成感召力,而且有助于大学生更直观地把握实践的方向,从而在外延层面实现创新拓展。纵观历年来的优秀社会实践作品,往往都体现了鲜明的文化自信。大学生通过聚焦、体会、挖掘由文化滋养而成的真人真事真迹,方能真切感悟到社会大课堂的淬炼意义,进而自觉把"国之大者"理念融入社会实践,回应"为谁成长、如何成才"之问,推动个人意识和行为形成正向发展之势。

# 二、以坚定文化自信为导向的"四驱型"社会实践探索应用

浙江理工大学是一所具有 125 年办学历史的知名学府,起于桑蚕也强于纺织丝绸学科,该学科所在的纺织科学与工程学院(国际丝绸学院)是学校最有底蕴、最具特色、最富实力的学院。学院始终把社会实践作为增强大学生文化自信、提高育人工作质量的内驱动能,依托深厚的学科文化内涵,建立起"四驱型"社会实践模式(见图 1),即以文化开掘为基、以文化沉浸为径、以文化服务为介、以文化创造为重,推动大学生将文化自信融入自身的成长成才全过程之中。

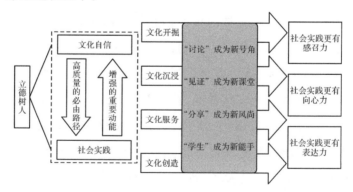

**图 1 "四驱型"社会实践模式**

## （一）以文化开掘为基，让"讨论"成为新号角

方向明则路径正。学院一改传统的发令起跑模式，将文化的内涵开掘作为社会实践的前置工作，牢牢聚焦时政话题，融入行业热点。通过读书和大讨论的方式，广开言路、广纳箴言，既让学生成为实践主题的制造参与者，也把实践主题的文化内涵传播开来。近年来，学院结合"助力高质量发展建设共同富裕示范区"这一主题，依托党建品牌项目"红丝享读书会"，面向全院征集家乡的共富故事，通过掷地有声的讨论和阐述，为"哪里值得去、哪里有什么"提供鲜活素材，10多支小分队由此确立"一段乡愁与共富"的文化实践之旅。小分队采取边读书、边体会、边反馈的实践方式，如：学院把《干在实处 勇立潮头——习近平浙江足迹》作为成员必读书目，通过用心啃读和系统梳理，"足迹"所在地变成了成员们的32个目的地，而干在实处、走在前列、勇立潮头的精神文化也成为成员们一致认同的理念。由读书到开眼界，通过讨论找聚焦点，不仅赋予实践活动强有力的理论基础，而且成为激发学生实践热情、理解文化自信的行为动能。

## （二）以文化沉浸为径，让"见证"成为新课堂

沉浸既是文化的实现方式，也是文化的交互形态。大

学生走出校园,其所面临的文化环境是多样的,然而化"有利"为"有力"则是社会实践的内在要求。在明确目标与要求的基础上,学院成立11个暑期社会实践团,30多支实践队,分赴15个省、36个地区开展实践活动,实践内容涵盖推进党史学习教育、助力民族团结、见证参与数字浙江建设在内的8个领域。明确文化要素,让学生自觉成为知识与文化的学习者与承载者。学院开辟"烈火容言"专题,旨在用图片、文字、声音增强文化场景对大学生的视觉冲击力、思想感召力和知识供给力。截至目前发表推文50多篇,字数超过3万字,汇集图片2000多张,总阅读量超过5万次。

## (三) 以文化服务为介,让"分享"成为新风尚

实践的要义在于改造客观世界。作为新时代的大学生,除了要与文化面对面,通过实践来传递、分享正向的精神价值,也是对自我成长的考验。学院把有关纺织丝绸学科的知识作为文化服务的内容支撑,做到"以文化人、以人化人"同向发力,依托科普课堂、"非遗"教授、"一带一路"倡议宣讲等多种形式开展实践服务活动。比如,入选全国1000支"七彩假期"志愿服务示范团队的"染七彩未来 编浙理经纬"实践团,紧扣纺织专业特色,依托纺织丝绸文化科普基地开展"纺织丝绸科普小课堂"实践活动,

授课范围辐射 6 所中小学、1000 多人次。该团队还借助"大中小学红色文化一体化传承联盟"平台，通过网络直播，与新疆阿克苏市第十五中学学生进行互动交流，将纺织青年的声音传至万里之外。志愿者们把互动式、体验式教学模式融入课堂，利用所学的专业知识向中小学生宣传民族文化，现场上课的萧山日报社小记者们在课程结束后用文字记录感受，用小话筒宣传纺织文化，用行动为非遗传承发声，成为烈日之下的新风尚。

### （四）以文化创造为重，让"学生"成为新能手

"师不必贤于弟子"，富有文化创造力是青年群体的鲜明特征之一，处于青年群体前沿的大学生有着更为能动的创意积蓄和创造力量，而社会实践恰为这样的文化创造力提供多样素材和良好介质。以 2022 年实践活动为例，学院整合实践成果，推出《诗化丝绸 一梦千年》短片。该片具有鲜明的文化自信色彩，彰显千年丝绸文化的历史本源、科学意味和育人价值，以轻盈、温婉、时尚的沙画创作为媒，以立体、动态、多维的表达方式为介，系统演绎丝绸文化的厚重感、科技感、时尚感，深刻阐释丝绸与政治、经济、社会、文化、生态有机融合的知识要素。作品由"初、值、行、育、学、用、略"七个短篇组成，对应生成与"丝"相关的七句名家诗文，通过同期声和画外音相结合的方式，

讲述丝绸文化蕴含的春蚕精神、货币价值、丝绸之路、官办新学、科普教育、科技抗疫、"一带一路"等内涵,为普及丝绸科技教育、推进传统文化育人提供了通俗易懂且含深邃至理的内容题材。截至目前,该片全网点击量超过 8 万人次,被包括"学习强国"、西瓜视频、今日头条在内的 7 个平台收录,并成为学院进行始业教育的全新内容。此外,另有 10 余部在实践过程中拍摄的微视频为广大师生所乐道。

## 三、"四驱型"社会实践坚定大学生文化自信的启示

### (一)听"生"音,让社会实践更有内驱力

内驱力是行动力的重要构成,增强大学生参与社会实践内驱力的关键在于提振学生的主体意识。学院推行社会实践前的"读书讨论"文化启航活动,旨在通过讨论的方式,激发学生的主观能动性,倾听学生的内心声音,精准把握大学生的思维特征和行为特点,从而进一步凸显学生在社会实践中的主体位置,这是当前思想教育的重要遵循之一。事实证明,广大学生对这一做法认可程度较高,实践主动性和行动创造性得到有效提升,如学生自行组团的数量较上年多出近 50%,覆盖的省份增加了 8 个,实践主

题也从传统的"走走看看"转向多元化设计、多样化融入，"走出去"俨然已是一个知识交叉、文化交融的生动过程。

## (二)融"文"声,让社会实践更有向心力

社会实践并不是无序而生,而应是高校教育教学的有机构成,是推进"三全育人"综合改革的重要存在。把社会实践聚焦到青年文化自信的意识培养和行为输出上,其实也回应了高等教育关于"培养什么人"的时代之问,为师生之间的教学相长提供了路径选择。学院依托文化赋能,升级社会实践的内涵与表达,把老师和学生的注意力聚焦到文化创新性发展、创造性转化的本义上,增强学生的自我观察、自我体验、自我创造能力,进而加深大学生对文化自信的感知与认知。有关数据显示,学生在文化主题的激发下,一改原有的被动心态,自发发布的推文、观点、视频、照片的数量均较上一年有大幅度上升,点击量实现了新跨越,青年活力得到有效释放。

## (三)用"专"意,让社会实践更有表达力

在表达方式日趋多元的当下,要做到意义的有效覆盖,既要突出表达形式的新颖,也要讲求表达内容的新意。大学生的年龄阶段、知识构成决定了该群体在形式与内容表达上具有巨大潜能,特别是在他们较为熟悉的学科与专

业文化激发下,他们往往能通过创意搭建起"理论与实践、文化与传播、青年与社会"之间的桥梁。综上所述,学院通过视频、推文、图片甚至直播的方式,让文化的呈现更具青年特征,让实践的表达更有时代特质,这或许是学院历年来获得"全国暑期社会实践优秀团队""省社会实践十佳团队"等诸多荣誉的秘诀所在。

（书于 2022 年 8 月,2022 年 12 月被"中国大学生在线"评为"大我青春"全国 2022 年暑期社会实践工作案例类优秀作品）

# 做好党建文化"四加法" 提振教师发展新动能

## ——记浙江理工大学纺织科学与工程学院（国际丝绸学院）党委师德师风工作案例

人才是立校之本、强校之基。青年教师作为人才队伍的核心构成，始终是一所学校的实力显现和潜力所在。近年来，随着人才竞争之势逐年凸显，招好、引好、留好、育好人才成为青年教师队伍建设的核心攻关。浙江理工大学纺织科学与工程学院（国际丝绸学院）立足要义与实际，突出"党建就是向心力、生产力"的理念，瞄准青年教师的外在特征与内在需求，实施以"党建文化叠加学科特质"为内涵的三道"加法"，激发青年教师融入学科建设的"向心、内驱、协同"动能，为教师提供施展才华的舞台和安居乐业的平台，实现人尽其才与学科发展的双向奔赴。

# 一、解好成长题,运用"党建+学科"加法是关键

## (一)"党建+学科"促进学习增效,增强教师向心动能

学习是强化认同的重要路径,更是形成共识的重要途径。相较于一般的学习,一方面,学院在推进理论学习的过程中,把引导有效、内容有料、监督有力等党建内涵融入其中,以"有组织的学习"谋划"有格局的事业"。其间,学院细化学习资料类别,出台主题发言要求,组织纪委委员对教学系(教师支部)常态化执行学习任务进行检查,确保一抓到底、质效如一。另一方面,学院创建生日会、学习会、读书会等交流机制,特别是聚焦共富、推进国家战略中的学科担当,组织访企、入企、问企等实践教学活动,把学习擂台转到工厂、研究院、行业协会等基层平台,让教师沉浸式接触学科前沿、产业前端,进而增强服务学科、振兴学科的精神底气。

## (二)"党建+学科"促进项目增收,增强教师内驱动能

科研项目是学科的依托,是教师施展抱负的关键所在。然而,不同专长、不同领域和不同发展阶段的教师,其项目承载力也不尽相同。学院立足实际,实施"5+"党建

工作法,建立"党建重融合、项目来支撑"运行机制,发动青年教师各施所长地"动起来、联起来、紧起来"。其中,各教学系结合新进青年教师特别是青年党员教师与学生年龄相近、情感同频的优势,让他们成为考研帮带、竞赛指导方面的领航员。这一举措的意义不仅在于为青年教师提供实战锻炼的机会,更在于为他们搭建一个熟悉育人工作的一线平台,以实战训练来提升教师技能。而对于具有一定工作基础的青年教师,则坚持"以训练促培育",推动青年教师融入学科评估、平台申报、专业建设方面的专班,把学科建设核心要素与党员先锋、人才先锋作用紧紧捆绑,推动个人融入团队、嵌入学科的价值意义得到显现。2022年度,学院组建多个"老带新""新＋新"攻坚团队,点对点分配到具体项目中,集中攻关专业申报、技术研发、人才培养等方面的痛点,收到良好成效。如:新增一个国家双万计划"一流专业"建设点,实现国家一流本科专业建设点全覆盖,系全国纺织类学院唯一;以纺织学科为重要支撑的化学、工程学和材料学已进入 ESI 全球前5‰;获"首批省级现代产业学院"1个,建立合作项目354项,其中合作经费超过1000万元的横向合作有3项,学院2022年度科研经费到款9500万元;学生获国家级竞赛荣誉20多项,毕业生和用人单位满意度等多项指标均位于同类高校前列。

### （三）"党建＋学科"促进联动发力,增强教师协同动能

万物互联的当下,坚守协同创新理念甚是重要。事实上,以联动姿态激发各要素的正向功能,对于青年教师茁壮成长大有裨益。学院结合"支部建在专业上"机制优势,推动支部党建与核心业务齐头并进,实施"按需走"策略,构筑基于党建联建的"校、企、地、行、产"五维联动机制,建立党建共同体 12 个,由青年教师作为主力军、老教师作为领航者。这些共同体围绕行业区块、链条,组建技术攻关团队,常驻象山、桐乡等传统产业集聚区(市、县),以党建为媒、产学研为介开展合作交流,在人才、知识、技术、文化等多个维度形成精密匹配。青年教师在增知识、受教育、长才干过程中,实现初心的叩问与锻造,恰是学院培育报国才俊的有效检验。近 2 年,由党建共同体所孵化而成的专项攻关课题 100 多项,帮助 200 余家企业解决技术难题 500 多个,创造经济价值 7000 多万元,培育地方研究院 1 个,获省级以上科研成果奖励 10 项。

## 二、透视成长路,厘清"党建＋学科"要素是基础

### （一）制度创新是保障,推动"讲规矩"成为意识自觉

制度既规范行为,也决定效能。青年教师从初入学校

到扎根学校，不仅是对环境的认可，更是对制度效能的认可。学院从制度着手，规范学习机制，升级团队运行机制，优化项目匹配机制，执行效率评价机制，其实质是助推青年教师树立"党建＋学科"意识，从而形成"了解—认同—执行"的路径。

### （二）大抓基层是关键，实现"去一线"成为行动自觉

常言道：走得再远也不要忘了来时路。高校青年教师从大学生成长为执教者，其内心压力和对事业的成功渴望可想而知，但融入一线、扎根一线、助力一线恰是功成名就的基础，也是必然。"党建＋学科"的理念贯穿，本质上要求摆脱"就党建论党建、就学科论学科"的固化思维，聚焦党建引领学科建设的逻辑诠释。对于青年教师而言，就是激励自身把理论联系实际摆在首位，把服务一线作为知识转化必修课，依托校企地支部共建平台，听实言、会实意、出实招、谋实效，在成果产出与群众认同中找到成长自信。

### （三）立德树人是根本，践履"好老师"成为成长自信

育人的根本在于立德。践履立德树人根本任务是高校教育教学亘古不变的出发点和落脚点。"党建＋学科"融会贯通学科资源与立德树人目标，把党建内在要求与培养德才兼备学科人才的教师使命有机结合，向初为人师的

青年教师传导鲜明的立德树人使命,以使命感驱动自觉性。学院组织青年教师参与党建引领下的学科建设项目,专门打造由"一馆、一校、一廊、一梯、一墙"组成的师德文化视觉传达矩阵,激发青年教师当"好老师"、做"引路人"的自觉自信,实现党建文化与育人工作的互促互进。

(书于 2023 年 2 月)

# 基于丝绸文化的"3＋4"
# 校园文化育人工程

## ——记浙江理工大学纺织科学与工程学院（国际丝绸学院）"三丝"文化空间

"三丝"文化空间是浙江理工大学纺织科学与工程学院（国际丝绸学院）紧扣"一带一路"倡议、立足优势学科内涵、构建全域丝绸文化生态圈的具体实践。"三丝"文化空间采用线上线下并行、教育实践并举的模式，秉持"弘扬丝绸教育金字牌、打造丝绸文化金名片"主旨，勾勒"起于丝绸之端、基于学科特色、利于立德树人"的校园文化提质线路，深度开掘"丝路、丝韵、丝享"3个着力点，突出国际化、时尚化、知识化运行逻辑，系统输出"机制＋平台＋环境＋行为"4个触发点，构筑"3＋4"校园文化育人系统工程（运行思维见图1），推动丝绸文化与校园文化、思政教育的要素融合、要义共振。

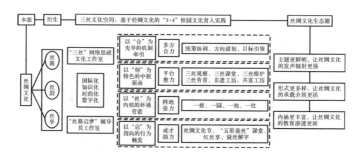

**图1 基于丝绸文化的"3+4"校园文化育人工程运行思维**

# 一、创新实践方法,构筑生态圈"四力"驱动

## (一)以"合"为先导的机制牵引,有组织激发多方合力

学院高度重视学科文化、校园文化、思政文化的有机融合,确立丝绸文化在推进办学发展、促进育人成才中的重要位置,探索基于丝绸文化的"三全育人"综合改革路径与方法,围绕"三丝"文化空间各组成要素,形成以机制牵引为抓手的一体发力效应。具体为:一是有统筹协调。定期通过党委会、党政联席会研究空间要素的发展,设立专项保障资金,用于保障丝绸文化节在内的品牌活动开展。二是有方向谋划。特别是学院重组后,更关注以丝绸文化为底色的纺织学科建设,促进文化建设,抓紧抓实学科建设、党建思政、学生工作、人才培养关键环节,形成多方融合的共生效应。三是有目标引领。在学院"十四五"

规划的基础上，研究出台《"六个一"校园文化建设实施细则》，明确实施路径与全域布局，画好空间发展线路图、施工图。

## （二）以"创"为特色的中枢驱动，有组织积蓄平台推力

学院在原有思政课名师和辅导员工作室的基础上，成立"三丝"网络思政文化工作室，围绕"三丝"内涵创建立体式传播矩阵。其中，"三丝观察"开展丝绸行业、纺织产业及相关业态的前沿观察、趋势调查，以文字、视频、绘画等多元方式进行数字化分享；"三丝课堂"通过线上线下并行的方式传授纺织丝绸知识，并将这些知识有机融入红色文化实践育人环节；"三丝熔炉"挖掘活跃在三创人才培养后端的企业、基地；"三丝劳育"贯穿励志精神培养，依托桑园阵地进行劳动精神塑造；"非遗工坊"依托专业机构，挖掘由纺织丝绸延展而来的非遗项目，并面向共建"一带一路"国家的留学生开展文化体验活动；"共富工坊"则加强与企业、行业、地方的联动，推动师生进入共富示范的实践阵营。通过"六位一体"打造受众乐见、乐创、乐享的网络文化平台。

## （三）以"丝"为内核的环境营造，有组织增强阵地张力

结合校园空间布局和网络平台运行的实际，学院紧扣

丝绸文化的精神内核与实践外延,建设以"一楼、一园、一地、一社"为代表的文化场景群。其中,"一楼"即学院所在的教学楼,设立纺织学科成果厅、春蚕铭清风梯、红丝享党建思政长廊,成为"三丝文化"传播主阵地;"一园"即勤义园,设在朱新予雕像前的桑蚕园,占地 50 平方米,由志愿者管理,常年种植各类药材和花卉,重点发挥劳动教育功能;"一地"即纺织丝绸文化科普教育基地,通过校内外研学方式,强化丝绸文化与纺织科技的知识输出;"一社"即纳兰话剧社,以半年为周期推出融入丝绸文化的话剧表演。同时,空间还依托学校丝绸博物馆,开展丝绸文化教育、体验实践,配套形成全天候、贯通式的文化要素辐射态势。

### (四)以"启"为指向的行为触发,有组织提振成才动力

以"红色、生态、智能、时尚"为主线,营造空间品牌活动的沉浸式效应,包括持续开展传统项目"丝绸文化节",突出学术味、科技味、时尚味、国际味,成为全校丝绸文化爱好者共同的盛大节日;连年开设"五彩蚕丝"课堂,形成丝绸文化与新生始业教育的有机协同,覆盖全体新生;创设"红丝享"党建育人项目,以"红色 + 丝绸 + 模式"的形式,开设"读书会、同心同向、学术红人、沿着足迹走浙江"等主题活动,形成丝绸文化育红人的介质;创新设立

"说丝解字"系列微课,通过慕课教学,传播丝绸文化对学习、生活、工作的启示。多维并举之下,各类活动有力推动学生在实践体验中实现政治成长、业务成长的双驱动发展。

## 二、融合丝绸文化,彰显生态圈"三维"效能

### (一)主题更鲜明,让丝绸文化的发声辐射更强

突出丝绸文化作为中华优秀传统文化的重要分支,是"国之大者"的应有之义。聚焦"三丝"文化空间的系统构建,赋予丝绸文化更为鲜明的新时代色彩,成为推动人才培养、科学研究、社会服务、文化传承创新的重要推力。近年来,由丝绸文化衍生而成的项目,获得国家社科基金项目 2 个、教育部国情教育项目 1 个、厅局级项目 8 个,公开发表学术论文 7 篇,获得校级校园文化品牌 1 项,校级党建、思政类基层创新项目 3 项,一个团队获得"全国优秀社会实践团队"称号,"五彩蚕丝"课堂成为校级精品始业教育项目,3 个主题文化视频被选为全国网络文化优秀作品和科普作品,"学习强国"、新华网、中新网、中国蓝新闻等省级以上主流媒体、报道达数十次。

## （二）形式更多样，让丝绸文化的承载介质更活

由"三丝"文化空间集聚而成的丝绸文化生态圈，孵化了"三丝"网络思政文化工作室、"丝路启梦"辅导员工作室，并由此生成校园文化活动"发动机"，实现文化传播与文化教育并驾齐驱，构建起丝绸文化承载介质的多样化。截至目前，已举办丝绸文化节 13 届，开展相关活动百余项；设立"三丝讲坛"，邀请 10 多位名家行家讲丝绸文化与发展机制；培育相关文化社团 3 个，其中华章社团被评为省级"Top100 活力社团"，纳兰话剧社获得"校级活力社团"称号；连年举办以丝绸文化为底蕴的"三创"人才培育毕业展，吸引数千人前来观看；搭建以"丝缘"为主题的社区文化平台，连年培育"红丝"生活空间，成立公寓党校 2 家。

## （三）内涵更丰富，让丝绸文化的教育渗透更深

"三丝"文化空间进一步丰富丝绸文化的内涵与外延，形成文化与教育的有机融合，在国内唯一的丝绸本科教育的基础上，探索实践以丝绸文化为内核的入学教育、励志教育、廉洁教育模式。其中，"五彩蚕丝"课堂已举办 2 届，以弘扬丝绸文化为特色的开学典礼备受校内外关注和好评，以科技、非遗、时尚为主线的教育载体形成了良好

的社会效应；结合发展性资助育人要义，创设"三丝"励志服务计划，被列为校级健康人格培育项目，同时新增相应教育扶持基金1项，与丝绸博物馆协同成立志愿服务团1个，1名学生获得"中国大学生自强自立之星"称号；开辟"春蚕铭"廉洁文化品牌，征集师生原创文学作品百余项，并用于"清廉纺织"的场景营造，"以丝韵促廉洁"的氛围日益浓厚。

## 三、因地制宜补短，推动生态圈"三线"并举

学院对"三丝"文化空间的建设，联动了教育教学、学术科研、社会服务、国际化等各条工作线，是整体发力、各司其职的良性体现，核心目标就是做大影响力、做强协同力、做优品牌力，进而提升丝绸文化对学科建设的贡献力，对标立德树人根本任务高质量践行，以及利用"三校区一中心"办学新格局的有利条件，"三丝"文化空间在持续深化现有阵地和载体的基础上，实现优势互补，补齐短板。主要体现在：一是进一步拓宽丝绸文化的覆盖面，形成"三校区一中心"整体联动效应，形成学科文化的互补格局，突出丝绸文化作为学校办学文化的核心要素地位；二是进一步加强"三丝"文化空间的数字赋能力，紧紧抓住数字化平台的运行与发展规律，开辟全天候的丝绸文化知

识传输渠道,并成立新媒体创造营,牢牢占领丝绸文化的虚拟空间阵地,不断完善"线上有风景、线下有实景、全程有风景、全员享情景"的格局;三是进一步增强丝绸教育的校企协同性,大力开辟校外文化阵地,引入校外行业型、专家型、实战型丝绸文化资源,形成内外协同态势,不断探索并创造丝绸文化育人的新形态,形成国内具有相当影响力的高级别教育教学成果。

(书于 2023 年 5 月,系中国纺织工业联合会 2023 年教学成果奖二等奖情况报告素材)

# 中华优秀传统文化：研究生始业教育的动能蕴含与内核贯穿

## ——记浙江理工大学纺织科学与工程学院（国际丝绸学院）发展性研究生始业教育创新实践

习近平总书记在庆祝中国共产党成立 100 周年大会上发表重要讲话，明确提出"把马克思主义基本原理同中国具体实际相结合、同中华优秀传统文化相结合"的重大理论观点。于我国研究生教育而言，这是国民教育的重要命题，在培养社会主义研究型、创新型人才方面至关重要。其中，研究生始业教育聚焦研究生的起步发展，影响研究生的全程培养，在整个研究生阶段起到基础性和长远性作用。把中华优秀传统文化贯通于研究生始业教育，锻造出"文以化人"教育机制，势必对激发研究生文化自信、成才自觉大有裨益。

浙江理工大学纺织科学与工程学院（国际丝绸学院）

具有 127 年办学历史,纺织科学与工程学科持续位列软科全国排名第二,是该校学科特色最鲜明、文化底蕴最深厚、办学优势最突出的教育教学机构。结合近年来研究生数量增多、生源多样、需求多元等实际,学院聚焦立德树人根本任务,注重发挥中华优秀传统文化在影响人、激励人、塑造人方面的多重效应,创新实践以中华优秀传统文化为内核,以全过程、全要素为贯穿,以"三力"培养为目标的发展性始业教育模式(见图1),成为研究生教育教学改革的典型做法。

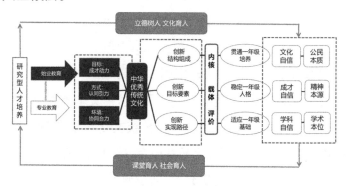

**图1 发展性始业教育模式**

## 一、创新融合理念,生成文化驱动,激活"始业动力"

党的二十大报告指出,中华优秀传统文化源远流长、博大精深,是中华文明的智慧结晶。其蕴含天下为公、民为邦本、为政以德、革故鼎新、任人唯贤、天人合一、自强不息、厚德载物、讲信修睦、亲仁善邻等内核思想，这些内核思想为研究生成长成才提供精神遵循，是高校回答"培养什么人"这一问题的基础。学院抓住始业教育作为研究生教育的前端意义，深挖中华优秀传统文化对研究生始业教育的正向推动价值，激活中华优秀传统文化蕴含的"始业动力"。

## （一）以文化自信驱动研究生"成才动力"

近年来，研究生因缺失奋斗精神、创新意识、成才动力而受挫的个案不在少数，究其原因往往在于"为什么要成才"这一目标确立上有所偏差。学院就此确立"以文启思"理念，聚焦中华优秀传统文化辨析"人我、天地、远近"哲学思维，开掘"中国特色"的育人功能和立人基因。在整个一年级阶段，通过文化传导、精神塑造、行为输出的要义贯通，增强研究生文化自信和成才自觉，从而推动研究生把个人成才与文化传承、社会发展、民族复兴有机统一起来，生成自我认同型成才动力，有力回应"为什么要成才、为谁而成才"之问。

## （二）以文化内涵驱动研究生"认同引力"

过去 3 年，学院研究生招生数增长 2 倍，规模不断扩大的同时，研究生的专业认知、研究意识、人文精神等短板逐渐凸显,尤其在观念多元化、知识扁平化、个体差异化的教育背景下,学生对教育培养的认同程度不高。就此,学院注重发挥中华优秀传统文化的凝聚力,通过语境共享和视界融合,使教育传导的内容更具说服力,形式更加亲民化,方法更有针对性,让教育认同感在研究生内心"升温"。

### (三)以文化牵引联动多维度"协同合力"

教育需坚持"以人为本"的价值遵循,实施过程必然是因材施教,而非照本宣科、满堂灌、走过场,尤其要体现教育载体多样、形式多种、覆盖多层等特性。学院抓住传统文化集道德传承、文化思想、精神形态于一体的多元特征,转化为教育过程中可借鉴、可结合、可深挖的丰富素材,并通过化无形为有形、变填鸭为熏陶,使专业知识和传统文化的优势得到整合,为课堂育人、实践育人与文化育人的协同联动奠定基础。

## 二、创新多维实践,升级教育模式,立体输出"始业功能"

### (一)创新结构组成

突破研究生始业教育在时间上集中于初入校园阶段、

内容上停留于行为规范的传统范畴,立足研究生全过程培养要义,融合文化育人的持续性、周期性特征,创新始业教育结构组成元素。具体为:一是在性质定义上,打破原有的"新生始业教育仅是入学教育一部分"的传统观点,把始业教育列为人才培养的必要组成部分,且以课程、实践、考核评价等系统化方式加以支撑;二是在时限范围上,突破传统短期性、临时性教育局限,融入研究生一年级全程培养体系,贯穿一年级始末;三是在内容设计上,加大精神层面的针对性教育,深挖学科文化、制度文化和成才文化的内涵,与教育教学体系形成有机互补;四是在机制保障上,强化整体赋能,融合思政、教学、管理、后勤等多方力量协同推进,打造全域教育空间,推动始业教育成为各单位的共同聚焦点。

### (二)创新目标要素

学院突出传统文化要素的有机融入,讲求文化育人与新工科研究生人格培养的同向发展,实现文化内容构成与社会公民、学术人才、团队成员等培养目标的有效呼应,丰富以中华优秀传统文化为内核的教育目标要素。具体为:一是精神价值要素。注重"五常八德"教育承载,与社会主义核心价值观同频共振,以突出传统文化对研究生作为社会公民的精神价值引导,传导法制性、规范性、养成性教育内容。二是科研创新要素。结合研究型人才必备素养，传递传统文化中蕴含的讲规律、讲变革、讲实践的创新思维，塑造研究生创新发展的学术型人格，以新意丰富实践要义。三是人我关系要素。聚焦研究生阶段的社交生态与发展需求，推动形成良性导学关系、同窗关系，锻造个体融入集体的科学意念。

### （三）创新实现路径

学院推行系统化、结构性始业教育模式，开辟"线上＋线下""课内＋课外""理论＋实践"等多重路径，主要包括：一是课程开发，嵌入以传统文化为内容的"五彩蚕丝"始业课程，用不同蚕丝颜色标注的课程对应"诚信、创业、创新、信仰、生态"等教育板块，开设"三丝讲坛"，教育对象除学生之外，还有研究生辅导员、研究生教学秘书和后勤人员，做到以传统文化为共振点，调动全员参与始业教育的主动性；二是阵地衍生，嵌入以传统文化为主线的网上网下活动阵地，结合专业特点、思想特点和行为特点，以"纺织丝绸文化＋专业学科发展"为主题，开设知识竞赛类、主题演出类、倡议宣传类、学科拓展类等共享式载体矩阵，并依托公众号、视频号和官网平台，实现"入学前后、网上网下"齐头并进；三是实践应用，嵌入以践行传统文化为主题的实践课程，包括专业导向类实践、素养提升类实践、红色引领类实践,让研究生感知与专业相关的传统文化内涵,体验学科精神的表现形式和应用价值,实现文化素养、学科精神与专业能力的一体化塑造。

## 三、创新评价机制,深化聚合联动, 双向增强"始业效应"

### (一)以测评增强行为导引效应

学院坚持效果导向,注重考核评价的"指挥棒"效应,有力回应"始业教育是人才培养有机构成"的命题意义。重点设置纪实考勤、过程表现、知识小测等板块,以学期为单位分析掌握学生对传统文化的了解程度、实践应用热度、宣传辐射力度,激励学生践行文化要义和时代责任。事实证明,通过评价机制的利导,一年级研究生的活动参与率、行为失范率、课程不及格率均较往年得到明显改善。

### (二)以评价增进教学相长效应

激发合力是提升教育实效的重要保障。建立并依托始业教育考核评价机制。一方面,综合评估学生阶段性行为表现,为导师、辅导员有的放矢发现人才和开展教育引导提供有效参考,3 年来,学院通过测评结果发掘文学、体育、组织等方面骨干 30 多人,另梳理出心理异常情况 8 例,为教育管理提供强有力支撑;另一方面,评价采用自评与他评相结合的方式,改变"始业教育只是管理工作"的传统想法,有效集聚导师、辅导员、班主任、实践导师、后勤管理人员的观点,为研究生培养领域的"三全育人"综合改革提供发展推力。

(书于 2024 年 4 月)

# 聚焦"志智" 贯通"加法" 增强资助工作育人色彩

## ——记浙江理工大学"基于学科文化的'志智双扶'育人实践"

　　党的二十大报告指出：育人的根本在于立德。对于广大青年而言，立德贵在立志，有理想是青年敢担当、能吃苦、肯奋斗的根本所在，也是发展性资助工作的目标指向。一直以来，浙江理工大学纺织科学与工程学院（国际丝绸学院）积极探索基于"学科文化的'志智双扶'育人机制"，秉持"三全育人"理念，把学生耳熟能详的学科文化元素融入资助育人全过程，重点突出学科文化对受助学生"志"的全面塑造，同时凸显学科文化对受助学生"智"的全力锻造，进而彰显发展性资助工作的高校特征和育人色彩。

# 一、聚焦本义,以学科文化激发"志智双动"之心

## (一)增强历史自觉,化感悟为成才之责

纺织科学与工程学科是学校传统优势学科,其所在学院紧扣专业学科特点和人才培养工作特性,在推进发展性资助工作的过程中,坚持以精神塑造人的理念,致力于在勤工助学、志愿服务等方面锻炼学生的专业技能、提升专业水平中的赋能效应,从集受助、施才、奉献于一体的良性循环中体会作为纺织青年的精神靶心和发展动能,实现资助工作对困难生生活空间、学习空间和工作空间的深度覆盖。

## (二)增强内涵驱动,化被动为主动之意

"授人以鱼,不如授人以渔。"传统的"六位一体"保障性资助以单向"给予"方式解决物质之忧,与"富而知礼"之义尚有差距,而这恰是新时代资助育人的要求。学院整合学科资源,建立"课堂、园地、基地、实践队"四维教育矩阵,以"智"促"志"助推学生专业思想、事业观念、人生抱负,在"思想根子"上灌溉励志成才营养,从而实现真正意

义的"精神脱贫、精准脱贫"。

**（三）增强行为输出，化短板为长板之力**

困难生有着比其他同学更多的生活感悟、工作体验，也有着更为特殊且强烈的成才意愿和动能。学院因地制宜，建立"四助服务中心"，常年实施表单式服务实践项目，推动学生运用自身熟知、擅长的学科本领投身奉献行动，成为对旁人有义、对社会有责、对国家有用的典型群体。

## 二、多维赋能，以学科文化构筑"志智双升"之局

### （一）知识与技能"双成长"

突出学科文化内核，衍生实践、实操介质，构建具有学科文化色彩的志愿服务模式。2022年2月成立的"三丝"励志志愿服务团，其成员全部为学院家庭经济困难学生资助对象。服务团投身"智育＋劳育"的志愿服务活动，依托学科背景建设"纺织丝绸文化科普基地"，把中华优秀传统文化特别是纺织丝绸文化融入廉洁教育、专业教育、研学教育，打造文化微课15种，面向大中小学生开展扎

染、蜡染、绸扇绘画等丝绸文化活动 20 余场,覆盖超过 2 万人次,该基地已成为"全国科普教育基地"。

### (二)保障与激励"双轨制"

围绕学科文化育人,设立 3 项奖助学金爱心基金,专门面向学科类成长培养,打造集挖掘、体验、传播、展示于一体的"四部曲",帮助青年汲取文化发展动能,坚定文化服务目标。如"千丝万里"项目实施以来,有 12 支队伍分赴全国 13 个省份开展"活化家乡非遗"实践活动,初步挖掘出 20 余个当地纺织非遗文化技术,并形成专题调研报告 12 份。依托专题展览、活化课堂,让非遗飞入百姓家的同时,使学生学术能力得到彰显、专业支撑得到强化,事迹受到省级媒体报道 6 次,经验被省教育厅刊物专版报道。

### (三)学生与学校"双获得"

项目持续性、系统性推进,有机植入困难生的学业发展、职业发展中。以 2024 届毕业生为例,29 名困难生中,15 人考上研究生,1 人签订就业合同;在近 2 年的学年综合测评中,更有超过 50% 的困难生凭借出众的综合素养,获得相应奖学金,且获奖人数比例逐年提升。其中,部分学生获评 2021 年度"中国大学生自强之星",1 名学生获得浙江省研究生"三助岗位之星"荣誉称号,另有 300 多名学生获各类省级以上奖励,励志成才典型不计其数。

# 三、透视规律,以学科文化创新"志智双扶"之径

## (一)教育视角有创新

传统资助工作往往囿于"把钱发到位"的要义传达,随着共同富裕目标的高质量推进,资助工作所蕴含的育人的内在要求日益显著和重要。从制度自信和文化自信的双重信念出发,把握新时代高校培养励志人才的发展规律和运行规律,厘清高校资助工作在"立德"与"立业"、"单助"与"多助"可依托和承载的鲜明高校元素,凸显资助育人作为人才培养有机构成的工作站位,回应"三全育人"的内在要求。

## (二)实践内容有创新

学科是高校区别于其他社会组织、教育机构的鲜明标识。以高校独有的学科文化视角加持高校资助育人,其实质是具体问题具体分析,运用高等教育规律,透视资助育人工作在高校环境中的内涵、外延,更为精准定义其功能与机制,特别是运用学科文化激励自强自立精神,凸显学

科与教学、文化与育人的融合,为资助工作在高校领域的功能输出提供有效遵循。

## (三)运用方法有创新

从文化视角出发,从跨界融合切入,在解析"智志双扶"作为高校资助工作重要模式的过程中,聚焦高校本土理念和资助工作实践中的短板性因素,通过个案解析、样本对比以及心理学、教育学、社会学等,一体化践行"智志双扶"的学理性、实践性,显现高校资助育人的本义所指。

(书于 2024 年 5 月,获评浙江省 2024 年度学生资助
典型案例)

# 导学共创 "四助"融合
# 基于学科文化的研究生资助育人

## ——记浙江理工大学纺织科学与工程学院（国际丝绸学院）研究生资助育人案例

　　研究生是研究型人才的蓄水池，是创新型社会、战略性产业的主力军。浙江理工大学纺织科学与工程学院（国际丝绸学院）立足人才要义，在打造浙江高质量发展建设共同富裕示范区的新征程上，紧盯立德树人根本任务，聚焦困难研究生资助对象的成才需求和发展要求，贯通学科文化的化人启行作用，激发导学共创的动能效果，强化"助教、助研、助学、助辅"矩阵效应，打造"基于学科文化的研究生资助育人模式"，有效呼应发展性资助与内涵型人才培养的融合命题。

# 一、以"文"激发导学共创,让导师成为
## 资助育人第一动力

### (一)以学科文化驱动意识理念

纺织学科发展自古就有"实业兴邦、人才培养是第一要义"的历史自觉。学院紧扣导师作为研究生培养第一责任人的现实意义,常年开展集走(起名)、聊(交流)、察(观察)、对(比较)于一体,面向导师的学科文化活动,推动导师在学术指导的同时,树立"成才责任第一人"意识,吃透资助政策、履行资助义务、搭建资助平台,丰富资助育人实践载体,把资助工作变成导师可见、可闻、可参与的日常工作,继而成为活跃在一线的资助育人工作者。

### (二)以学科文化驱动师者优势

传统的资助育人模式主要侧重物质帮扶,聚焦基础性支撑。然而,在共同富裕高质量推进的背景下,资助工作的育人内涵已成为时代课题,对于学科色彩浓厚的研究生而言尤是如此。作为第一责任人的导师对学科有着更深

层的理解，也有更熟练灵活的表达方式，让导师参与其中，把资助之意、之力、之法融入培养全过程，从而确定导师开展励志教育的优势。以学院学生小明（化名）为例，他在研究生刚入学时因个人原因受到学校记过处分，之后的3年中，其导师不仅在经济上提供支持援助，还鼓励他积极参与科研竞赛项目。在导师的激励与培养下，该生不仅顺利完成学业课程，还在学术论文和科研竞赛中取得优异的成绩。

### （三）以学科文化驱动师生同心

资助并非单向传导，更在于互补互促。纺织学科历来讲求上下协同、左右贯通。学院制定《研究生导师履行立德树人职责评价办法》，每年通过学生打分、导师自评和学院考核，对导师进行综合评价，将评价结果作为其评奖评优重要依据。相对于物质帮扶问题，此类方式更加凸显导学共同体的价值意蕴，进而赋予学生更长远的"克困"意念和自信意识，也恰是立德树人融入教育教学的集中彰显。以2024届毕业生为例，40位资助对象中，获国家奖学金、省优秀毕业生、校"学术之星"共3人，目前已有2人考上博士研究生，13人签订就业合同，其余均已明确入职方向。

## 二、以"文"激发四助融合,让学生成为资助育人第一主体

### (一)构筑基于"协同文化"的四助服务

学院立足实际,成立"四助服务中心",依托学科特色,将助研、助管、助教、助学岗位深度融入资助育人体系,推行集监督、考核、评价、激励于一体的功能矩阵,通过常年工作板块与具体行动,以规范化、数据化的方式激励更多资助对象养成励志理念和自觉意识,促进研究生运用专业知识、学科本领积极投入志愿服务活动中,为他们的成长和发展提供有力支持。其中,1 名研究生获得 2022 年度浙江省研究生"三助岗位之星"荣誉称号,若干研究生作为励志典型受到表彰。

### (二)打造基于"双扶文化"的两个品牌

青年学生的知识构成往往与所属学科的思维方式联系紧密。学院设立"三丝讲坛",汇集行业领域榜样讲述自身成长故事,开掘其中所富含的励志与立志基因,构筑起高校、行业、社会协同开展资助育人的教育平台,把"学科思维、学科意识"等学科文化要素融入教育教学全过

程,推动原本的"共性化"育人走向"个性化"育人。近 2 年,学院以资助对象为主力,持续开展"千丝万里"项目,组建 12 支队伍赴全国 13 个省份开展"活化家乡非遗"实践活动,用照片、视频、文字、声音等方式讲述当地纺织故事,事迹受到省级媒体报道 6 次,经验被省教育厅刊物专版报道。

**(三)催生基于"廉洁文化"的一种认知**

发展心理学认为:困难学生对成功的极度渴求,容易使"行动"变形。学院结合自身情况,针对性开展特色廉洁教育,运用生活化场景、主题活动、项目化平台帮助学生扣紧廉洁人生在校期间的"第一粒扣子"。每年新生入学报到前面向新生开展"向党组织报告"活动,以读书启思的方式深化内省之义;学院开展"春蚕铭"廉洁主题征文活动,鼓励学生拿起笔杆子,书写青年的廉洁担当,锻造具有人文情怀的廉洁工科人,从而成为正向励志、正向发展之才。

# 三、以"文"激发思政新意,让辅导员成为资助育人第一导师

## (一)从陪在身边到走进心里

学院强化调研"取证",有的放矢开展"心理助人"。

其间,重点面向困难研究生开展"I＋E"心理健康服务,通过开设心理健康课程、设立心理辅导站、开展心理服务咨询、举办情商文化活动等方式,以润物无声的方式走进资助对象内心,建立更加紧密的情感联系,做到以"智"促"志",提振学生专业思想、事业观念、人生抱负,在思想上和行动上灌溉励志成才营养,实现真正意义上的"精神脱贫"。

### (二)从一味地发钱到助推专业发展的"发力"

辅导员转变"做好一张资助发放表就是资助工作"的理念,针对学生研究能力成长提供多样化激励举措,从意识层面激发学生专业成长、学术发展的自信自觉。特别是结合学院推出的"学科登峰计划",推动资助对象进入重点培育团队和项目,助力学生融入创新创业氛围。平均每年都有20多名学生得益于此,获得"挑战杯""双碳大赛"等国家级、省级赛事奖励。此外,学院常态化开展午餐会、恳谈会等"学辅共商活动",让辅导员面对面倾听学生成长烦恼,在共情之中帮助资助对象全面塑造励志人格,全力提升成才质量。

(书于2024年5月,获评浙江省2024年度学生资助

优秀案例)

# 解答三个问题 传承中华优秀传统文化中的廉洁精神

## ——写给正在奋力成才的学生干部

自古以来，廉洁就是中华民族崇尚的优秀品质，也是中华优秀传统文化的精神承载，其反映个人世界观、人生观、价值观，也是个人融入社会的行为准则。风华正茂的大学生正处于走向社会、走上工作岗位的预备期，锻造廉洁品质、养成廉洁习惯直接决定今后赢得尊重和自我价值实现的安全系数。学生干部作为大学生群体中的骨干力量，直面"微权力、微利益"。处理好这些关系，既能积累人生智慧，也能培养廉洁品质。作为一线思政教育者，笔者想用三个现实问题和中华优秀传统文化的应用思路，与学生干部共同思考"廉洁，恰是一种人生智慧"的生成意义，共同成为具有廉洁智慧的模范公民。

## 一、第一个问题：这个意见该不该提？

"提意见，说想法，谈观点"是大学生作为集体成员输出个人价值、促进团结协作的责任所在,也是一个集体赖以存在、凝心聚力的重要基础。尤其是学生干部,作为工作组织者、事件参与者、集体领导者,既承担大量的组织工作,也肩负各类群策群力的义务责任。而把握好提意见的"轻重缓急",洞察提意见行为背后的底层逻辑,正是诠释一个人责任担当、检验廉洁品质的要素所在。

以下事件中的小张同学品学兼优,是学校主席团成员、学院学生会主席,是校园里的风云人物。一次,主席团进行十佳社团干部的评选,评选流程是先由学院审核推荐,后进行差额投票,需从 16 个候选人中选出 10 个获奖人员。在大家很认真严肃审阅相关材料时,小张发现其好友小王经过学院推选也在候选人序列之中。然而,有个隐晦但很关键的问题,那就是小王的获奖基础条件有瑕疵,有个奖项不符合学校认定的范围。此时,小张脑子里"嗡"的一声。一方面,不符合条件推选人员,说明学院把关不严,作为学院学生会主席,小张难辞其咎;另一方面,小王是自己的好朋友,贸然提出奖项有问题,就变成"出卖朋友",今后难以维持和小王的关系。

事已至此,作为旁观者,我们不妨扮演一下小张的"军师",帮他解一解这个结。一个选择便是如实提出意见,那么小王很有可能要被撤掉职务,接下来小张与小王的沟通也势必不会顺风顺水,毕竟是因为小张的"告发"。

另一个选择则是隐瞒不提,当然小王也不一定能选上,因为是差额投票,但如果选上了,公示阶段小王的情况就会暴露在"众目睽睽"之下,小张估计也要忐忑一阵子。最重要的是,选上一个看起来不符合条件的获奖者有违评奖公正性,这颗随时会引爆的雷将会久久埋在小张心里!

　　这两个选择确实都让小张为难。但我们认真思考一下,小张和旁观者为什么觉得"难"。答案可想而知:一是人情的牵绊;二是进行自我斗争的疑虑。而这两个要素,恰是影响许多人养成廉洁品质的"绊脚石"。因为从心理学的角度而言,当一个人在以自我为中心发展社会关系的过程中,往往会形成以自我利益为圆心的"利益圈",为保障这个利益圈的运行,其采用的方法往往会突破常规,甚至侵害他人的合理合法利益。案例中,小张手握重权,但从根本而言,他还是一个学院乃至一个学校学生利益的维护者。小张若是为了盲目巩固与小王的关系,一心掩盖此前把关不严的漏洞,就势必会保持"沉默不言",但"不诚信、不公正"的萌芽也就随之植入内心,久而久之便会使其遁入偏门、误入歧途。这就是所谓"你不说,我不说,谁知道"的侥幸心理作祟,到时候东窗事发就后悔莫及了。

　　此时,我们不妨重温一下中华优秀传统文化经典之作《论语》中的名句:仁者不忧、智者不惑、勇者不惧。"仁"指的是要心存善意,"智"指的是能发现客观环境和运用

109

规则规律,"勇"指的是要有斗争的意识与精神,这些是中华民族对于一个人综合素养的高度凝练,也是我们用来塑造廉洁品质的方法论。正如这个案例中,若是小张能懂这个道理,就会做出仁义、理智、勇敢的选择:第一,反馈小王的成果不在学校认定范围的事实,承认把关不严,这是履职的要义所在,也能显现"敢作敢当"的人格气质;第二,要针对小王所获奖项进行分析,建议大家集体审定小王的竞赛成果质量是否达到评审条件所要求的含金量,视小王为普通同学,为其争取、维护正当利益。

当一名学生干部不易,学校培养一名学生干部同样不易,如果在一些小事上马失前蹄,就太不值当了。进一步来说,学生干部完成学业,都会走上相应的工作岗位,无论是基层干部,还是企业管理者,很多人会掌握不同程度的权力,也会承担不同程度的责任与风险。但当我们把"仁者不忧、智者不惑、勇者不惧"付诸具体行动,就能拨开迷雾见真相,一身正气立功德,真正把廉洁气质融入自身血液之中。

## 二、第二个问题:这条"快捷之路"能不能走?

主人公小王是某高校学生组织部长级别的研究生,他来到课题组,发现自己书桌上放着一杯新鲜出炉的网红奶茶,还附了一张纸条,赫然写着10个字——"感谢帮助,让我换道超车"。小王一下子明白了,是同课题组、同部门师弟小李留下的纸条,应该是对一件事情的回馈。

这个事情的经过如下:小王是学术与学生工作的"双料能手",小李是小王同课题组的师弟。小李的成长经历十分坎坷,家里经济困难,学习基础也比较差,眼瞅着研二快结束了,一篇小论文都没发,愁得昏天暗地。但这个人也有优点,就是做事情说一不二,是小王所在部门的绝对主力,帮助小王完成了好几项大活动。看着自己师弟"愁云密布",小王决定帮助他。怎么帮呢? 他让小李提供了几组实验数据,然后又把一段素材发给他,让他进行英文翻译。之后,在导师过审的情况下,偷偷把小李的名字设为"并列第一作者",顺利得到期刊的文章刊用信息。

应该说,整个事情是小王一心想助人的好事,小李既做了贡献,又得到"第一作者"的名分。但身为学生干部,小王却开心不起来,因为他知道,根据小李的数据和翻译的学术价值评估,小李与第一作者存在较大差距。当时,绕开导师增加小李的名字就是这个顾虑。现在眼看论文快出来了,学术贡献的瑕疵,让一向正直的小王多了几分"苦味"。因为学术诚信的瑕疵,对一个研究生而言是致命的。但从人之常情而言,小王是发自肺腑想帮助小李,有种好心办了坏事的味道。

确实,从影响力原则的角度来看,小王是受到"捷径"

思维的影响。所谓"捷径"思维，就是以效率为第一，所有要素都服从效率目标。用平常的话说，就是不择手段、不计成本，能快速实现目标就可以。人们可能觉得这种思维不好，可从维系人的生存本能角度来说却是有利的。我们习惯于"饿了就吃、烫了就缩手、痛了就避开"，都是以最快、最简洁的方式避开危险。但"捷径"思维在某些方面存在较大隐患，比如积累知识和财富，"欲速则不达"现象时有发生。对于小王而言，他帮助小李达到相应的学术要求，是出于师哥的关爱和部门负责人对干事的关心，但在方式上过于简单直接。试想今后可能会出现的两个场景：第一个场景是文章刊发后，导师和同学们对他们的学术评价存疑，如何向导师交代，将成为小王的一个心结；第二个场景是最关键的，对于小李而言，正如他自己说的"换道超车"，尝到此类甜头，就极易产生"短平快"的行为意识，那靠什么再静下心来沉淀知识、锻炼能力？

事实上，此前有关部门查处的腐败案件、违法事件中，滥用"捷径"思维导致身败名裂的现象还是不少的。比如：当干部的想借助身边的资源拉拢关系，得到照顾后"一步登天"；办企业、搞创业的热衷投机倒把、暗箱操作，从而一夜暴富；做学者的想暗地里占有他人成果，想着有朝一日一举成名；做研究的篡改事实、盗用数据，想一蹴而就。这些行为都坏在一个"快"字上，实际上也是严重破坏规则、违背规矩和违反规律,最后受到党纪国法的惩处。在这个案例中,幸亏小王及时认识到这个问题,选择向导师和杂志社说明情况,把小李变成第二作者。后期,小李在小王的帮助下,以第一作者发表了文章,也顺利毕业。小李还因为这篇文章的成果积累,被一家研究机构看上,从而找到心仪的工作岗位。

其实,我们对"捷径"思维一直都有关注、防范,特别是用中华优秀传统文化精髓浸润受教者内心。比如幼儿园小朋友都知道"揠苗助长"的故事,"积跬步,至千里"的意蕴同样在于此,另有《道德经》曾言:"企者不立,跨者不行。"说到底,就是要遵循事物发展的规律,在一步一个脚印中成长,把积累和奋斗作为走向成功的"捷径",才能经得起逆境拷问和现实检验。从另一个角度而言,一个人要养成优秀的品质,特别是廉洁品质,不能仅仅寄希望于一时的启发,或者说接受了几次培训、看了几个案例,更重要的是从点滴做起,把"吾日三省吾身"运用于实践之中,相信力量的积累和积累的力量,层层加厚预防腐败的"铁布衫",进而把自己锻造成一个清正刚毅的人。

## 三、第三个问题:这个饭局要不要组织?

对于学生干部而言,调动同学的积极性、激发大家的向心力,既是领导力的彰显,也是工作艺术的考验。然而,不同的方式所起到的作用却是大相径庭的,有的甚至还可能影响大家培养廉洁品质。

小田是某派出所的一名公安干警,出色的业绩和良好的口碑让他年纪轻轻就当上了副所长,在大家眼中可谓前途一片光明。但有一天,他突然被纪检部门立案调查,其原因在于涉嫌违反廉洁纪律,多次参加可能影响公务的饭局,且违规收受大量现金和名贵礼品,还违反组织纪律,透露干部任用信息。声声叹息之中,小田也是后悔不已。家庭条件不错、自己收入也不错的他,到底哪里出了问题?在留置点的深夜,他不禁反思自己在大学期间的意识养成问题,简单来说,就是玩转"请吃"艺术,结果却埋下了悔恨一生的陷阱。

原来,小田在大学期间,担任校级部门的负责人,部门里大大小小的干事有几十人。"如何管理好干事,让大家死心塌地跟自己干"一直是小田思考的问题。但小田想的不是用科学的领导艺术和管理方法,而是把自己经济条件好的优势发挥得淋漓尽致。凡是部门完成一件工作或取得一点成绩,抑或是骨干同学获得较好成果,他都会组织大家去吃喝玩乐一番。有时人手一杯奶茶,有时做东点外卖,偶尔还去高级餐馆、KTV之类的场所。觥筹交错中,小田出手阔绰的光辉形象深入人心,也塑造出"说一不二"的权威气质，部门里的同学对他是前呼后拥。好几次部门讨论方案时，有人提了不同意见，但迫于小田的影响力，只好蜻蜓点水地提了一下。渐渐地，小田的自我感觉越来越好。

指导老师觉得小田的行为有笼络人心的嫌疑，影响不好，便找他谈过一次。但为了不打击小田的工作积极性，谈话基调比较委婉，小田也没当回事。直至毕业后，考上公安岗位，他依旧维持此作风，隔三岔五就请身边的领导、同事、朋友一起吃饭、娱乐。也是这个原因，他们在饭桌上开始谈论是非，慢慢地，就形成利益交换、彼此拉拔的攻守同盟。不少同事看到小田能力强，与领导关系好，各种请托就纷纷登场，在这些诱惑面前，小田慢慢失守了。

小田这种"大方请吃、请玩、混圈子"的做法，在不少人身上都会发生，倘若没有引起警惕，肆意发展，误入歧途的概率就会上升。正如近年来，有关部门查处的许多案件中，由"请吃"开始的风腐一体问题持续高发，党和国家也是重拳出击，惩治"舌尖的腐败"。其原因还是很深刻的，从心理学视角分析此类事件，其症结在于互惠机制的影响。简单来说，互惠机制的运行规律是：了解特定需求并给予馈赠，接收方则形成亏欠感，然后推动接收方反馈输出。也就是说，当一个人的需求，是通过别人赠予的方式得到满足时，其内心的报答意识、行为反馈是一种天性。

不难发现,互惠机制有利于增强人与人之间的黏性,我们平时倡导感恩的品质,也是这个道理。但互惠机制被运用到特定的目标方向上,其负面影响也就出现了。案例中,小田就是用"请吃请玩"的方式,满足同学、同事关于吃和玩的需求,之后,他们内心的亏欠感就发生作用,比如不提反对意见,帮助你做一些你做不到的事情,等等,久而久之,便形成"利益小团体",勾肩搭背、沆瀣一气。换言之,如果你是一名公职人员,拿了人家的好处,但要通过对等的方式进行回报,比如对方请你吃一顿盛宴,你摸摸自己口袋,只能请他吃碗面条,难免有亏欠感,只好利用手中的权力,帮助对方获取不正当的权益。此类底层逻辑恰是政商"亲而不清"、很多官员被"围猎"的症结所在。

小田的经历着实令人惋惜,但关于预防互惠机制的负面影响的行动,其实早就开始了。在中华优秀传统文化的经典语录中,关于人际交往方式有一句话,叫"君子之交淡如水",其实后面还有一句话,叫"小人之交甘若醴"。其意在于:能维系真挚的交情,就要保持一颗平常心;带有很强目的性的交往,往往会像甘甜的酒一样,不可能一直维系这种浓厚的味道或氛围。像小田这样的学生干部,如果要让部门凝心聚力,还是要讲智慧,重科学,用好领导艺术和管理科学,特别要从平常的制度建设、工作载体着手,让大家在能力、素养上得到需求性满足,大家才可能牵起事业之线、弹响友谊之弦。当这类思维固化为行动时，大家身上也就多了一层抵御腐败的"膜"，为建设清朗校园、清廉社会贡献智慧和力量。

以上三个问题虽然不涉及重大利益方面的腐败，但都是对当事者廉洁品质和精神品格的考验与磨砺。应对、剖析和解决问题的能力，可能成为今后人生发展的影响要素。正所谓"九层之台，起于累土""千里之堤，毁于蚁穴"，事物的发生和发展总遵循量变到质变的规律。洞悉中华优秀传统文化关于正气、正义的智慧，恰是懂得和运用这一规律的底气和志气所在。沿着前人的足迹，扛起今人的责任，在传承和创新中练就廉洁风骨，是大学生坚定文化自信的应有之义、应有之举。

（书于 2024 年 6 月）

# 第三篇:以文论理

　　文化贯穿文字、语言和行为之中,是我们思考问题的视域和方法。无论是技术应用,还是机制构建,抑或是行为驱动,文化已成为分析、透视各种现象的要术所倚。尤其是教育工作者,怀揣立德树人的底气、志气,秉持文化育人的使命、责任,或能对事物机理的把握更精准,更有人本关怀,更富于逻辑性和实践性,也更能把文化的力量传递至周围的人和事。

# 基于人本理念的高校学生处分制度的构建

　　当前,学生处分制度作为高校实施依法治校的重要制度之一,规范管理效应显著,但与此同时,其实施规则、实施程序和受处分学生的权益保障等方面缺陷较为明显,日益成为高校推进管理规范化进程中的薄弱环节。特别是随着中国法治环境的日趋完善和学生权利意识的不断增强,因学生处分而引发的纠纷屡见不鲜,使得高校处分学生的正当权益颇受争议。就高校而言,合理、合法地实施学生处分是依法治校的重要表征,而从"以人为本"的视角出发,进一步完善学生处分制度,不仅有利于进一步厘清高校与学生之间的权利义务关系,充分保障学生的合法权益,也能有效推动学生处分工作从"以处罚惩治为中心"的非人本色彩向"以教育引导为中心"的人本色彩转变,促进高校办学的法治化与人性化相融。

# 一、高校学生处分权的内涵

高校学生处分权是法律所授予的权利。依据《中华人民共和国教育法》(1995年)第二十八条规定,学校及其他教育机构可以行使"对受教育者进行学籍管理,实施奖励或者处分"的权利。依据《中华人民共和国高等教育法》(1998年)第四十一条规定,高等学校的校长可行使"对学生进行学籍管理并实施奖励或者处分"的职权。由此可见,高校对学生进行处分,其实质为高校以国家法律法规为依据,为实现政府的教育政策而采取的一种强制行为。相对于浓厚的法治色彩,从学生处分的实践层面来说,笔者认为,高校作为履行教育职能的行政事业单位,其享有学生处分权还涵盖着两个更深层的关系。

一是管理主体与管理客体之间的权利义务关系。高校具有独立的法人资格,享有自主的教育管理权,学生处分权则是高校教育管理权的重要组成部分。对行为失范学生进行处分,是高校实现规范管理的方式,也是教育、警示其他学生的有效途径。① 相对于作为管理主体的高校,

① 朱宏伟,吴钊.关于完善高等学校学生处分制度的几点思考[J].中国高教研究,2005(2):65-67.

学生作为管理客体,有义务服从管理主体所设定的制度范畴,但同时也有对管理主体侵害其合法的请求权、平等的受教育权、合理的知情权等不当行为进行权益维护和申诉的权利。为此,从管理主体与管理客体之间的权利与义务对等的视角来看,高校在享有学生处分权的同时,也有公开处分制度、听取学生申诉、规范实施程序等义务。二是高校与学生之间的要约合同关系。随着高考制度和高校就业机制的演变,高校和学生之间的教育合同关系也日益明显。具体而言,高校发布学校招生简章视为要约邀请,学生填报志愿视为要约,高校录取该学生视为承诺,至学生凭录取通知书到校注册报到则视为教育合同的确立。①据此观点,学生填报志愿就代表已接受高校校纪校规的内容与旨意,在学生出现失范行为时,高校可按照之前达成的合同关系,对学生进行处分。此外,值得高校关注的是,近年来,随着市场经济思维的不断深入,上学作为教育消费行为的观念已深入人心。因此,作为教育服务的提供者,只要学生的学籍在校,即使学生有违纪失范行为,高校也须从履行教育服务的角度出发,对违纪学生实施教育引导,而非把处分决定告知学生作为处分工作的完结。

---

① 闵辉.高校学生处分的失范与完善[J].思想理论教育,2010(3):81-85.

# 二、高校学生处分制度目前存在的不足

高校学生处分制度是高校法治的主要构成部分,也是推进规范管理的重要突破口。目前,高校处分制度以《普通高等学校学生管理规定》(2005 年发布,以下简称《规定》)内容为依据,在规范学生行为、营造和谐秩序方面起到了积极作用。但时过多年,众多高校的体制、学生的规模乃至整个社会经济文化的状况均已发生深刻变革,处分制度的科学性、规范性和可操作性受到越来越多的质疑,特别是从一些因处分而发生的纠纷事件可以看到,处分制度本身所存在的不足已日益凸显。笔者认为这些不足可以分为以下几个方面。

## (一)制定过程:民主参与度较低

高校作为行政单位,其制定制度的目标既合理也合法。但作为有着教育功能的承担者,培养具有参与意识、民主意识的现代社会合格公民,也是其诠释教育功能的应有之义。当前,许多高校在制定与学生权益相关制度的过程中,一味按照法律上的原则和自身的目标,未让学生有机会、有渠道参与到制度的制定过程中,这与学生日益强烈的民主权利诉求相违,不利于大学民主精神气质的形成,也直接影响了学生群体对处分制度的认知与认可程度,这已成为当前依法治校进程中亟须改进的地方。

### (二)"量刑"原则：与法律有所背离

一些高校在权力意识主导下制定的处分制度,其处分标准与《规定》的相关条例不符,凸显出高校自由裁量权的过度扩张和滥用问题。如有的高校为遏制学生的考试作弊行为,制定了"凡认定为考试作弊的,一律予以留校察看或开除学籍处分",这明显与《规定》中关于考试作弊需根据其恶劣程度确定相应处分的条款不符;有的高校出于杜绝因学生处分而引发家长或社会强烈反响的目的,对原本已构成"情节恶劣、情节严重、产生严重后果"的行为,采取庇护的态度,肆意降低处分标准,与《规定》中"学校给予学生的纪律处分,应当与学生违法、违规、违纪行为的性质和过错的严重程度相适应"这一内容相背离,直接影响了处分的权威性与公正性。

### (三)实施过程：程序履行有瑕疵

《规定》对高校实施学生处分权做了明确要求,即"学校对学生的处分,应该做到程序正当、证据充分、依据明确、定性准确、处分适当"。就程序正当而言,涵盖了处分证据的及时收集、处分告知的及时送达和合理诉求的听证反馈等方面,但从目前许多高校实施处分的情况可知,"重实体、轻程序"的做法较为普遍。比如:有的高校对于处分学生采取的是"事后告知式"做法,学生的陈述与申辩权益未能得到有效保障;有的高校虽然设有申诉制度,但在具体的执行中,由于缺乏固定的第三方监管、人员组成不明确等因素,申诉制度往往得不到正常履行;也有一些高校,出于稳定被处分学生心态的目的,将听证制度转变为心理疏导,通过辅导员、班主任说理和心理强压的方式进行劝诫与教育,将学生的意见"消化"于基层,一定程度上扭曲了实施听证制度的初衷,工具化倾向过于突出。

### (四)权益救济:保障机制欠完善

在学生权利意识日益增强的今天,尊重和维护学生的合理合法权益,是高校依法治校的重要保障。受处分学生虽然存在违纪甚至违法行为,但作为享有受教育权的主体,其合法合理权益并不能因为行为失范而被高校排除在权益保障范围之外。当前,诸多高校在实施处分的过程中,一味将处分作为机械式、程序式的手段,片面强调学校的权力,对学生的权利重视不够。一些高校公开学生作弊、偷盗等不光彩行为,虽然这当属学校开展警示教育的做法，但侵犯学生隐私权，给其个人声誉造成负面影响是显而易见的。高校学生受到处分一般会影响其评奖评优、入党、就业、公务员录用等事项，特别是在就业问题上，每年都有学生因有处分记录而被机关、事业单位拒之门外，即使这部分学生在受到处分后努力学习不断进步，也无济于事。因此，没有学生处分解除制度，把学生处分记录完整无缺地放入学生档案，没有真正体现学校对学生的终极关怀，也没有与高校的育人目标相契合，同时进一步凸显了高校处分制度权益救济机制的不完善。

## 三、基于人本理念的高校学生处分制度的构建

坚持"以人为本"实施依法治校，旨在通过执行规章制度，实现规范管理。但围绕人才培养这一高校职能来说，依法治校最终还必须体现出对人的关怀，以及促进人人成才的目标指向。作为依法治校重要组成部分的学生处分制度，应坚持法治与教育规律相结合，充分体现"以人为本"的精神实质，以达到育人成才这一目标。针对当前高校学生处分制度的不足，笔者进行了以下几点思考。

## （一）构建学生参与平台

参与的核心含义在于公民通过一定的方式和途径影响决策和公共生活,它本质上是公民权利的实现。①《规定》第四十一条要求"学校应当建立和完善学生参与民主管理的组织形式,支持和保障学生依法参与学校民主管理"。作为学生处分制度,其实施是以影响学生的一定权益为前提的,而让学生参与学生处分制度的制定,既是高校民主法治的体现,也是培养学生民主法治意识的途径之一。

为此,高校在制定学生处分制度的过程中,应充分尊重学生的参与权。就该点而言,中国台湾的做法值得借鉴,其关于大学的相关规定要求:大学为增进教育效果,应由经选举产生之学生代表出席校务会议,并出席与其学业、生活及订定奖惩有关规章之会议。② 当前,高校可通过学生代表座谈、抽样问卷调查、学生骨干听证等方式,积极构建学生参与处分制度制定的平台与渠道,充分听取学生意见,畅通学生利益诉求,最大限度地发挥学生的"主人翁"作用。学生的参与对高校而言,还可成为其公布与

---

① 王建富.高校学生处分中的参与研究[J].南京大学法律评论,2010(2):159-170.

② 郑金贵.台湾高等教育[M].厦门:厦门大学出版社,2008:74-75.

解释处分制度的有效途径,有利于学生从心理上接受并遵守制度,从而为制度的贯彻执行奠定良好的基础。

## (二)厘定处分"量刑"原则

处分制度的实施是以法律为依据,而作为"量刑"原则的处分标准是体现法律精神的重要内容,也是保证处分制度公正合理的基础准则。当前,一些高校在权力意识主导下制定的处分制度,往往基于学校自身的稳定和规范需求,其处分标准与《规定》相关条例不符,反映出高校过大的自由裁量权,不仅对制度的合法性产生负效应,也是学生合理权益受侵害的根源之一。因此,高校在实施处分的过程中,应始终遵循自治与法治相统一的原则,要严格按照《规定》的相关条例,执行相应的处分,不擅自增加处分类型、加重处分的负面影响。同时,也要坚持适应性原则,形成科学有效的调查和鉴别机制,使学生违纪行为的性质、过错程度和所受处分相契合。就该点而言,高校可建立和实施处分先例制度,对《规定》或学校处分制度中未细列的行为,根据实际影响,制定有关补充条例,并纳入整个处分制度体系中,增强对个案的预测性和确定性,实现违纪行为与所受处分之间的科学准确适应。

### (三) 完善学生处分程序

"程序是制度的保障,程序正义是实体正义的保障。"①
笔者认为,当前确保学生处分制度执法正义的核心在于处
分意见的有效告知与学生意见的有效倾听两个程序。其
中,告知程序是保障学生知情权和保证处分公正性的基础
环节,履行的过程中要求高校不停留于处分文件的下达和
处分结果的传达,而是要将告知程序作为权利意识教育和
纪律观念教育的重要内容。一方面,要在处分前,将相关
的依据、享有的程序性权利等告知学生,便于被处分学生
把握处分程序,避免"错判""漏判"等违规现象的产生;另
一方面,要利用告知环节,增强违纪教育的"集约"效应,
比如对具有警示意义的处分案例,在充分尊重个人权益的
基础上,通过网站、公告栏、宣传栏等多渠道进行匿名的案
例教育,达到"法布于众"的效果,使守法守纪的观念真正
深入人心。除告知程序外,听证程序也是体现程序正义的
必要环节。高校应以实现公平正义为主旨,在成立固定且
独立听证机构的基础上,对参与听证的代表、听证启用的
限制条件、听证意见的收集处理等内容做进一步的明确,

---

① 吴克禄,詹晖.论高校学生处分的法治化和规范化[J].江苏
高教,2004(4):99.

促进听取与反馈、陈述与辩论的良性互动机制的形成,这不仅既有利于查清问题,也凸显出大学生参与高校管理的重要地位,从而进一步推动高校教育管理的民主化和以人为本理念的发扬。

**(四)建立处分解除制度,增强处分制度的人性化**

民主法治的基本要义是"有权利必有救济"。处分是一种惩罚性行为,处分的救济是保障学生权益和法治的必然要求,也是人本教育理念的内在要求。高校实施处分的目的不在于制裁人、禁锢人,而是以强制的方式促进教育、促成发展为目的,以服务于高等教育培养人的服务宗旨。① 而从目前来看,高校学生处分制度"重惩罚、轻教育,强流程化、弱人性化"的色彩较为浓厚。笔者结合自身多年的工作实践,认为学生处分解除制度的构建关键在于把握两个环节:一是确立实施范围。处分解除制度并不意味着对现有处分制度的全盘否定,而是在认同现有高校学生处分制度的基础上进行适度的改革,对那些想真心悔改且违纪行为并不是十分恶劣的学生给予一定的宽容与谅解,这不仅体现高校对学生的终极关怀,也与法治的人

---

① 张小芳.高校学生处分解除制度的抉择与构建[J].中国高教研究,2011(3):49-50.

文关怀本色相符。具体而言,可对初犯"违纪情节较轻"而受到警告、严重警告的学生实施有条件的处分解除,这一条件可包括受处分后的政治思想表现、日常行为规范、典型模范效应、突出贡献状况和师生客观评价等多个方面。而对于屡犯或受记过、留校察看处分的学生,鉴于违纪行为的严重性和处分条例的严肃性,则不予实施处分解除制度。二是执行合法程序。制度的实施有赖于程序的履行,学生处分解除制度亦是如此。在程序的设计上,处分解除制度应遵循正当与谨慎原则,即在做出解除的决定前,应充分听取学生的个人陈述,并着重突出事实认定的准确性、群众评价的客观性与证据材料的确凿性。程序合法的立意还要求学生处分解除制度必须遵循《规定》的要求,不能扭曲、歪解其中的内容,但从处分解除的要义出发,可就有关条款做进一步的细化补充,比如就违纪材料归档问题,可按照"处分已解除的,其违纪材料可不归入本人档案"的做法执行,这在一定程度上增强了处分制度的人性化。

（发表于《浙江理工大学学报》第 30 卷第 3 期）

# 文化自信视野下对儒家孝文化的育人价值思考

习近平在党的十九大报告中强调："文化是一个国家、一个民族的灵魂。文化兴国运兴，文化强民族强。没有高度的文化自信，没有文化的繁荣兴盛，就没有中华民族伟大复兴。"①中华传统文化源自本土，扎根本土，熔铸中华民族的文明与智慧，是坚定文化自信的根基和底气。儒家孝文化，作为中华传统文化的重要元素，是儒家哲学思维的鲜明表达，也是社会主义核心价值观的内容构成。高校在培养社会主义事业建设者和接班人的过程中，肩负文化传承与创新的社会功能，应坚定文化自信的信念，坚守立德树人的使命，挖掘孝文化深层的价值内涵，突出孝文化蕴含的多重育人价值，开辟行之有效的路径强化孝文化在促进学生全面发展中的正能量效应。

---

① 习近平.决胜全面建成小康社会夺取新时代中国特色社会主义伟大胜利——在中国共产党第十九次全国代表大会上的报告[M].北京：人民出版社，2017：40-41.

# 一、儒家孝文化的内涵解析

"文化自信不是凭空产生的,没有根据的自信就是自负,只有在历史中找到文化根源,清楚阐释文化内涵,文化自信才能有底气。"[1]孝文化在中华文明中历来处于突出位置,是历代典籍和名家所论述的焦点。《尔雅·释训》中有提及"善父母为孝"[2],道出了为人子的道德义务;许慎在《说文解字》中指出,"善事父母者。从老省,从子,子承老也"[3],他从汉字会意的角度出发,认为"孝"字是由"老"字略去下面"匕"的形体,和"子"字组合而成,代表子女背着年老的父母。而从汉代"以孝治天下"的帝王思维,到孝女曹娥沿江寻父尸的民间故事,再到"选拔孝子为官"的科举机制,都彰显了古人对孝文化、孝品德的思考和践行。作为古代教育思想的先行者和集大成者,儒家用一部典籍《孝经》,对"孝"做了专门且系统的论述。综观前言,孝文化的内涵包含以下几点:

---

① 韩文乾. 习近平关于坚定文化自信重要论述的四个维度[J]. 思想理论教育导刊,2019(11):4.

② 胡奇光,方环海. 尔雅译注[M]. 上海:上海古籍出版社,2012:72.

③ 许慎. 说文解字[M]. 北京:中华书局,2004:83.

## （一）孝文化体现个人和社会的和谐关系

在《孝经·开宗明义》中，孔子指出："夫孝，始于事亲，中于事君，终于立身。"①孝从低到高具有三层含义：第一层是要侍奉父母，对长辈怀有孝敬之德；第二层是要忠于自己的工作，善待包括国君在内的上级，也就是孝于自己的职业；第三层是实现自己的人生价值，光宗耀祖，贡献社会。孝的三层含义，体现了从个人利益到集体利益再到国家、社会利益的价值发展路径，是局部与整体、个人与社会和谐关系的鲜明映射。在《论语·学而》中，孔子的学生有子说："孝弟也者，其为仁之本与。"②其意为孝作为儒家仁礼思想的根本，是公民处世的基本原则。

## （二）孝文化讲究物质与精神的相互统一

儒家孝文化认为孝不仅是多层次、多方面的，也是具有物质和精神双重要求的。以孟子所说的"侍奉父母五不孝"为代表，前三种不孝的行为是指"惰其四肢""博弈好饮酒"以及"好货财、私妻子"，进而不顾父母所养，也就是说，懒惰、生活糜烂或自私自利，不给父母提供物质等赡

---

① 胡平生，陈美兰.孝经·礼记[M].北京：中华书局，2007：45.
② 朱熹.论语集注[M].北京：商务印书馆，2022：94.

养支持,则视为不孝;后两种不孝为"从耳目之欲"和"好勇斗狠",是指不珍惜个人身体,让父母在精神上过于担心,则视为不孝。由此可见,物质与精神的统一构成了儒家孝文化的独特内涵,这也正是孝文化在不同时期的外延形式、表现形式不断得到丰富的源泉所在。

### (三)孝文化具有正面与反向的辩证思维

儒家孝文化具有鲜明的正反辩证思维,其正面倡导施行孝德的同时,也要求对孝的"度"和"质"进行审视和辨析,提倡不可愚孝、过犹不及。如《孝经·谏诤章》记载,孔子曾说:"故当不义,则子不可以不争于父,臣不可以不争于君。故当不义,则争之。从父之令,又焉得为孝乎。"其意是主张不盲从父母、君主,孝应以道义为评判标准,要做到义高于父,从义不从父。后世批判的"君叫臣死,臣不得不死;父叫子亡,子不得不亡"的愚孝,并不是儒家所真正提倡的,《论语·八佾》提出"君使臣以礼,臣事君以忠",指出了孝行为应遵守国家和社会所倡导的正道,应是理性的,这为后人更好地理解和践行孝德提供了内涵支撑。

## 二、儒家孝文化的多重育人价值

孝文化作为一类能够横向连接当下社会系统,纵向贯穿历史思想传承的重要纽带,在中华文明绵延千年的进程中扮演着原点、路径等重要角色,是中华优秀传统文化历史积淀的中心。习近平总书记在中央党校建校80周年庆祝大会暨2013年春季学期开学典礼上发表讲话指出:"中国传统文化博大精深,学习和掌握其中的各种思想精华,对树立正确的世界观、人生观、价值观很有益处。"孝文化作为中国特色社会主义文化的一抹亮色,与新时代以文化人、以文育人的教育观念高度契合,正如孔子在《孝经·开宗明义》中指出:"夫孝,德之本也,教之所由生也。"若以文化自信的视角审视孝文化在新时代的育人价值,则可发现其鲜明的文化融合性、教育性、发展性,且主要表现在三个方面。

## (一)促进学生从"事亲"到人格的全面完善

"事亲",特指侍奉父母,存在于千百来年的家庭伦理道德之中,而从事亲出发,有利于学生怀德成人。首先,有利于学生懂得"身体发肤,受之父母,不敢毁伤,孝之始也"之义,自觉培育认识生命、尊重生命、提升生命的意义感和价值感,积极破除成长道路上的不利因素,实现生命意识教育与文化育人的有机结合。其次,有利于学生懂得"感,动人心也""恩,惠也"的基本道义,把孝意识融入自我感恩精神的塑造中,实现事亲到敬亲、爱亲等对"小家"

的感恩,进而延伸至同学、老师、同事等对"大家"的感恩,形成精神向上、人格健全的公民素养。

## (二)促进学生从"事君"到"双业"的全面提升

促进学生的学业发展和职业规划是高校育人工作的重要内容,是检验高等教育解决实际问题的重要折射。但当前,学习动力的缺失、职业发展的迷茫,是困扰大学生成才的突出瓶颈,究其原因主要在于内在动力不足。拓展"事君"的孝文化内涵,把"以敬业履孝、以事业敬孝"的尽孝理念传递至学生,点燃学生的学业动力和职业精神火种,明确个人的发展路径,这也是高校以问题为导向,丰富教育素材、提升教育实效的应有之义。

## (三)促进学生从"立身"到"立命"的全面递进

我国高等教育始终围绕"培养什么人,怎样培养人,为谁培养人"的时代命题展开,而在解答这一命题时,如何处理好个人与社会的关系是关键。毛泽东在战争年代曾谈到忠孝问题,他说提倡忠孝不是非忠于某一个人,孝于某一个人,为国家尽忠,为民族尽孝,就是最大的孝。大学生作为中国特色社会主义事业建设的未来主力军,应怀有"天下兴亡、匹夫有责"的担当和责任意识。特别是当前,发挥孝文化深厚的道德共识基础、鲜活的语言表达形式和共情特性,促进学生树立安身立命的责任意识、家国情怀,对于提升高校育人工作质量、占领意识形态阵地的时代意义不言而喻。

# 三、儒家孝文化的"六化"实现路径

文化是教育的基础,教育是文化的延伸。坚守文化自信,就要深刻理解儒家孝文化作为优秀传统文化的必然存在和发展顺势,其精神内核与中国特色社会主义文化、高校立德树人的根本要义、文化自信的内在要求保持高度一致。然而,相对于孝文化在主流意识上的"风风火火","落在心里,停在嘴上,失在行中"的现象在一定群体中依旧存在。究其症结,还是在于教育过程中语言传导、场景引导、行为育导等方面存有不足。为此,要发挥孝文化的育人价值,提升学生的孝德精神,对症下药,构建"六化"的孝文化实现路径,即实施系统化、主题化的课堂语言传导,融合化、亲民化的文化场景引导和制度化、项目化的行为实践指导。

## (一)实施系统化、主题化的课堂语言传导

课堂是文化传导的第一阵地,而课堂语言则是增强青年学生文化自信的首要介质。相对于传统的"填鸭式"

"本本化"教学模式,高校要用好孝文化这本柔韧性强、延展性高的"好教材",紧扣学生的学习特点和心理需求,改进课堂语言传导功能,提升思政课堂和课堂思政的教育教学质量。一方面要以系统思维优化"书本语言",编写以孝文化为主题的必读教材,有机融合《孝经》《弟子规》《论语》等经典内容,紧密结合地方特色、民俗风情中蕴含的孝文化基因,以高大上又接地气的传统文化,激发学生从被动学到主动学的读书意识;另一方面要用主题化思维鲜活的"授课语言",舍弃枯燥、乏味的单向授课模式,依托孝文化的丰富内涵、多样外延,替代案例引导式、师生互动式、命题启发式的课堂教学方法,拉近与学生的距离,用学生喜闻乐见的方式,把课堂打造为文化展示课、观点辩论课、作品分享课,让学生更好地传承孝文化。

## (二)实施融合化、亲民化的文化场景引导

"人创造环境,同样,环境也创造人。"①高校作为文化传承与创新的阵地,既要发挥传统课堂教学的主渠道作用,也要充分激发环境育人的特有功能,特别是要顺应当前媒体深度融合的大趋势、大环境,发挥传统媒介和新型

———————

① 中共中央马克思恩格斯列宁斯大林著作编译局. 马克思恩格斯选集(第一卷)[M]. 北京:人民出版社,1995:92.

媒体的协同、整合优势。一方面，打造整体、具象的孝文化物理场景，有效运用报刊、宣传栏、广播台等传统媒介，宣传孝文化的典型人物、案例，营造懂孝义、扬孝德、行孝举的文化氛围；另一方面，打造"平、近、快、活"的媒体融合文化场景，即以"视野放平、内容贴近、更新快速、表现灵活"为要求，打造孝文化融媒体传播平台，依托"两微一端"和学生常用的 App 软件端，以赛事、慕课、微课、快闪等形式，创建以"孝"为主题的理论知识型、实践运用型共享资源库，打破固有的物理空间的束缚，突破传统的孝就是"事亲"的观念，以内容叠加形式的特有模式，创建多类型、多主题的孝文化主题网络空间，并以此联动家庭、社会和爱心企业，形成共同理念和舆论力量，为培育孝德人才提供全方位支撑。

### （三）实施制度化、项目化的行为实践指导

正如苏联教育家苏霍姆林斯基所说："道德准则，只有当它们被学生自己追求、获得和亲身体验过的时候，只有当它们变成学生独立的个人信念的时候，才能真正成为学生的精神财富。"①孝文化的传播和教育，最终目标是促

---

① B.A.苏霍姆林斯基.给教师的建议［M］.北京：教育科学出版社,1984:65.

进学生形成从树立孝心到兑现孝行的自觉意识和行为。高校要充分发挥高等教育"刚柔相济"的天然优势：一方面，以刚性的制度倡导孝文化的行为实践，可针对不同年级的学生，确立相应的"孝行考评机制"，把学生在学校、家庭中的尽孝行为融入综合素质测评和人才培养计划中，突出孝德对日常行为的引领力；另一方面，以柔性的感染力增强孝文化的行为体验。要契合不同个性、专业、学科的学生，设立以"践履孝德"为主题的文化实践项目，变参与为创造，增强孝文化的实际体验感、获得感。以笔者所在单位为例，结合汉语言文学和传播学的学科特性，开辟了"孝"季传统文化节，开展包括"说、写、演、拍"等一系列以孝为主题的传统文化项目，实现了专业素养、兴趣特长与孝德弘扬的有机结合，也形成了一大批传播孝文化的介质内容，促进了孝文化教育与专业教育、思想政治教育的高度融合。

（发表于《武汉纺织大学学报》2020 年第 3 期）

# 学科文化对高校廉洁文化建设的增益价值与实现路径

## ——以浙江理工大学纺织科学与工程学科为例

　　2022年2月,中共中央办公厅印发《关于加强新时代廉洁文化建设的意见》(以下简称《意见》),《意见》指出:"党中央高度重视廉洁文化建设,强调反对腐败、建设廉洁政治,是我们党一贯坚持的鲜明政治立场,是党自我革命必须长期抓好的重大政治任务。"①党的二十大报告也明确提出:"加强新时代廉洁文化建设,教育引导广大党员、干部增强不想腐的自觉。"②高校是我国国民教育的重

---

　　①　中共中央办公厅印发《关于加强新时代廉洁文化建设的意见》[EB/OL].(2022-02-24)[2022-12-30].http://www.gov.cn/zhengce/2022-02/24/content_5675468.htm.

　　②　习近平.高举中国特色社会主义伟大旗帜　为全面建设社会主义现代化国家而团结奋斗:在中国共产党第二十次全国代表大会上的报告[M].北京:人民出版社,2022:69.

要场所,以廉洁文化浸润高校校园,既是加强党的全面领导、贯彻全面从严治党战略的应有之义,也是推动高校扎根中国大地办教育的重要实践。学科作为高校的重要组成单元,其产生和发展过程往往凝结着师生秉持廉洁操守、弘扬廉洁精神的历史探索和生动实践,其间生成的各类素材成为学科文化形成和发展必不可少的基础要素。把握学科文化中的廉洁文化基因,有利于深化对学科的系统性发展认知,反映高校在廉洁文化建设中的特殊作为和优势地位。

当前,学界对高校学科文化和高校廉洁文化已进行了综合性研究。其中,对学科文化的研究主要集中于学科文化在育人方面的内涵和功能。吴华杰等对学科文化在研究生立德树人工作中的作用进行探析①,王洵对学科文化视域下的全方位育人模式进行探讨②,梁彦刚等则对学科文化在研究生培养中的作用进行论述③,还有的学者对学

---

① 吴华杰,杨钚,刘宇.学科文化在研究生立德树人工作中的作用探析:以中国农业大学研究生"科技小院"培养模式为例[J].北京教育(德育),2019(12):41-44.

② 王洵.学科文化视域下全方位育人模式探索[J].北京教育(德育),2020(1):31-35.

③ 梁彦刚,王奕迪,黄霆.学科文化建设在研究生培养中的作用:以空天力学学科为例[J].现代职业教育,2021(15):118-119.

科文化的内涵特征分析①、文化融合互动②、学术产出评价③开展研究。相对于学科文化的研究内容，学界对高校廉洁文化的研究往往从特定的视角出发。李丹等从中华优秀传统文化视域出发对高校廉洁文化建设进行研究④，张志艳等从红色基因涵养高校廉洁文化的视角提出建设路径⑤，彭长华从伦理视角提出高校廉洁文化的伦理价值和伦理特征，继而提出高校廉洁文化建设的伦理方略⑥。值得关注的是，学科文化影响广大师生的意识和行为，并含有廉洁精神要素，是构成和影响高校廉洁文化的内容之一，但从学科文化视角审视高校廉洁文化建设的研究比较匮乏，仅有蓝武等以历史学科为例提出廉洁文化融入学科

---

① 黄长麒.高等教育学学科文化的内涵分析[J].高教学刊,2019(10):194-196.

② 温洪泉.谈高校学科文化与校园文化的融合互动[J].现代交际,2018(13):14-16.

③ 韩亚菲,王嘉颖.学科文化:学术产出评价制度的新视野[J].黑龙江高教研究,2017(12):20-24.

④ 李丹,李正旭,付伟.中华优秀传统文化视域下高校廉洁文化建设研究:以遵义医科大学为例[J].遵义师范学院学报,2022,24(5):34-37.

⑤ 张志艳,徐智策.红色基因涵养高校廉洁文化建设路径研究[J].北华航天工业学院学报,2022,32(4):24-26.

⑥ 彭长华.伦理视角下高校廉洁文化建设研究[J].学校党建与思想教育,2020(20):16-18.

建设的路径①。总体而言,学界对学科文化和高校廉洁文化的研究取得了丰硕的理论成果,为透视学科文化和高校廉洁文化提供了多维支撑,但尚未厘清高校学科文化与高校廉洁文化之间的关系,没有从学科文化视角审视高校廉洁文化建设。

本文尝试从学科文化视角审视高校廉洁文化建设的短板,探讨学科文化增益高校廉洁文化的机理,进而以浙江理工大学纺织科学与工程学科为例,提出学科文化增益高校廉洁文化建设的实现路径,厘清廉洁文化建设更具学科文化意蕴的发展道路。

## 一、学科文化视角下高校廉洁文化建设的短板

"廉洁文化是廉洁的理论和行为方式及其相互关系的文化总和,是关于廉洁的知识、理念、制度及与之相对应的生活方式、行为规范的总概括。"②高校廉洁文化有着高校的深刻烙印,需要通过要素挖掘、形式表达、功能输出等方式,推动实现"不敢腐、不能腐、不想腐"体系在高校领域的落地生根。然而,与高校实际结合不够紧密的廉洁文

---

① 蓝武,颜小华.高校廉政教育与廉洁文化建设中的学科融入路径研究:以历史学科为例[J].廉政文化研究,2020(3):60-66.

② 王亚斌.浅议企业廉洁文化的构建[J].科技信息,2009(12):389.

化建设，往往会在文化要素组成、文化表达生成、文化功能促成等方面不尽如人意。仅从学科文化的视角出发，便可见高校廉洁文化建设容易存在的短板。

## （一）廉洁文化要素的亲民性不够深刻

就现实而言，因为受到传统观念的影响，高校不少师生认为廉洁文化与制度、规则、约束、腐败、惩治甚至犯法等相关，而与敬业、勤恳、奉献等关系不大，与学科建设更是相距甚远。此外，部分党员干部和师生对新时代廉洁文化的概念和内涵认识不足，认为高校廉洁文化是一种日常的宣传活动，是独立于高校文化之外的一种文化。① 产生诸如此类观点的症结就在于，广大师生对廉洁文化要素与内涵的认识还处于模糊阶段，认为防腐拒变的政治性问题与学习研究等关联性不强，致使师生中还存在"想腐败也腐败不了"的说辞，这恰恰体现了高校开展廉洁文化建设的必要性。有不少高校已经意识到此类问题并加以重视，推出相应教育载体、空间场景乃至实践活动等廉洁文化建设举措，但"曲高和寡"的问题仍旧突出。究其原因，除了传导方式相对呆板，更多的是对师生拥有的学科背景的认

---

① 于国君.《"三不"一体化推进背景下高校廉洁文化培育研究[J].辽宁工程技术大学学报（社会科学版），2022,24(3):222-225.

识不够深刻,"离开学科文化谈廉洁",易使高校廉政文化
要素转向与其他社会组织趋同的方向,师生看不懂、听不
懂、难理解,出现接受度和认知度上"两张皮"的现象也就
不足为奇了。

## (二)文化表达的鲜活性不够突出

在媒体技术与传播方式日新月异的当下,一种文化要
"飞入寻常百姓家",要素构成是根本,表达方式是关键。
美国学者伯顿·R.克拉克就认为,进入不同的学术专业
实际上是进入了不同的文化宫,在那里,人们分享有关理
论、方法论、技术和问题的信念。这一观点在高校领域尤
为明显,因为师生的知识构成比较前沿,接受与创造新事
物的意识较强,且往往与所在学科的思维方式联系紧密。
高校廉洁文化建设若忽视学科思维这一内核支撑,易形成
传统的说教式表达,也就是把宣讲制度、解释规范、传达要
求作为廉洁文化建设的方式,用分层管理的单向输出取代
文化传导的平等互动。这一情境下师生难免会对廉洁文
化产生距离感。此外,忽视"学科思维"还易忽视师生对
廉洁文化建设的推动作用,突出表现为把师生作为普通的
受众对象,而非廉洁文化建设的过程参与者、内容创造者。
事实上,拥有良好媒体和技术素养的师生在运用知识特别
是学科知识对廉洁文化建设进行创新性、多样性、专业性

解读方面具有先天优势,恰是生成廉洁文化鲜活外延的重要依托,也是增强廉洁文化群众属性的有生力量。

### (三)文化功能的多重性不够显现

一种文化元素在新的环境下,不仅具有原有的功能,而且增加了其他功能,从而使该文化现象具有多种功能。① 就高校廉洁文化而言,其在高校的功能势必受到高校环境的影响,往往会突破"倡廉、树廉、释廉"等基础性功能范畴,并与相应学科的人才培养、科学研究、服务社会、文化传承创新等职能紧密联系、相互作用。文化就功能而言虽然是一种"软约束",但也可被有效转化为解决问题的"硬实力"。比如从学科文化视角聚焦学科发展过程中部分师生存在的"躺平、摆烂、失范"等现象,可发挥廉洁文化建设的多样载体、多种阵地作用,对师生进行思想上的触发、精神上的激励、制度上的传导、规范上的监督,从而发挥出廉洁文化在思想引领、精神激励、行动指引等方面的多重功能。然而,不少高校在廉洁文化建设中,习惯性地把廉洁文化的功能仅定义为约束行为、规范流程、执行制度等"整齐划一"的行政化功能,若是缺少有力

---

① 何星亮.文化功能及其变迁[J].中南民族大学学报(人文社会科学版),2013,33(5):33-41.

引导,师生难免会产生"无端增加工作砝码"的负面评价,与廉洁文化建设的初衷背道而驰。

## 二、学科文化增益高校廉洁文化的机理

构成并影响廉洁文化的要素包括知识、理念、生活、行为等方面,这些方面恰与人的知识结构、生活方式、行为规范息息相关。在高校,学科对师生接受知识、养成行为、生活方式的影响毋庸置疑,特别是"学科文化是学科在形成和发展过程中所积累的语言、价值标准、伦理规范、思维与行为方式等的总和"①,学科文化对师生的知识结构、生活方式、行为规范具有潜移默化的影响。为此,透视学科文化增益高校廉洁文化的独特价值,有利于厘清学科文化对高校廉洁文化的影响,形成对高校廉洁文化建设的规律性认知和方略性探索。

### (一)学科文化彰显高校廉洁文化的领域属性

"高校廉洁文化建设的好坏,具有显著的社会辐射作用,这一点已得到全社会的普遍认可及广泛关注。因此,

———————

① 陈何芳.大学学术文化与大学学术生产力[J].高等教育研究,2005(12):2.

搞好廉洁文化建设也是高校自身发展的实际需要与内在的必然要求。"①众所周知，高校的建设与发展势必要遵循高校独特的办学规律与治理范式。而今在学科建设备受重视的高校治理结构中，学科文化形成了高校区别于其他社会组织的重要特征。因此，把学科文化有机融入廉洁文化建设，实质就是把高校办学规律运用于高校内部治理中，把学科文化的有利元素应用于高校廉洁文化建设，从而扩大高校廉洁文化的领域与范围，赋予高校廉洁文化更多具有高校特征和特色的要素，有利于形成更鲜明、更有"高校味"的廉洁文化介质与内容，最终使文化影响力在高校发挥出应有的作用。

### （二）学科文化凸显高校廉洁文化的教育特性

高校廉洁文化建设最终聚焦于立德树人这一根本任务的履行，呈现于通过文化和教育的一体推进，实现在高校育人层面的提质增效。就某种意义而言，包括高校在内各个社会组织的廉洁文化建设本身不应是孤芳自赏，或是停留在照本宣科层面，而是最终要生成推动主责主业发展的实质性动力，在高校实现这一逻辑的重要途径就是强化

———————

① 钟俊生.高等学校廉洁文化教程［M］.北京：中国石化出版社，2010：56.

廉洁文化建设发展、促进教育、培植廉洁意识、弘扬廉洁精神，最终凸显教育职能。在这一过程中，把学科文化含有的教育思想、教育模式、教育技能、教育方法等转化为廉洁文化的传播要素，可丰富廉洁教育的载体设计和呈现方式，让广大师生在教育传导机制中增强对廉洁文化与学科建设的互促性感知，从而内化为增强学科认同、提升学科素养、培养学科人才的自觉自信，实现廉洁文化浸染、廉洁教育覆盖，共同作用于学科建设的良性循环，构成廉洁文化与廉洁教育的有机统一。

### （三）学科文化增强高校廉洁文化的附着黏性

毋庸置疑，高校廉洁文化建设的直接指向是强化师生廉洁意识，而意识的传递与强化往往与受众的知识结构息息相关。学科文化是伴随多数师生发展的隐形符号，深刻影响并塑造个人的知识构成和价值认同。以学科文化的表达方式、传播模式、呈现样式来充盈廉洁文化，有利于形成两种文化互补式的叠加效应。一方面，用学科本土化的语言阐释廉洁文化的内涵与外延，降低廉洁知识入心入脑的门槛，提升广大师生把廉洁意识内化于心的黏性；另一方面，"没有走在前列也是一种风险""没有规则不成方圆"等诸多廉洁文化内涵具有普遍意义，也贯穿于学科建设本应遵循的行为规范与竞争规则中，对激发师生奋发进取大有裨益,是师生开展学科建设的精神动力和行为内力,继而沉淀为深沉、持久的学科文化要素,实现文化建设与学科建设的并驾齐驱。

## 三、学科文化增益高校廉洁文化建设的实现路径 —— 以浙江理工大学纺织科学与工程学科 为例

浙江理工大学纺织科学与工程学科起源于千年桑蚕历史,是我国专业教育开展最早、文化沉淀最深、影响力较大的学科之一。伴随着社会发展和行业进步,该校纺织科学与工程学科已从传统的服务百姓日常演进为"国之重器"、创新高地,这一过程既形成了极具纺织学科特点的学科文化,又包含大量廉洁文化要素。该校立足深厚且丰富的纺织学科文化,从文化挖掘、文化表达、文化内力的三个向度切入,构建起学科文化增益廉洁文化建设的实现路径,推动廉洁文化建设提质增效。

### (一)立足"三个角度",以学科文化挖掘廉洁文化内涵

首先,从历史角度擦亮廉洁天然性。习近平总书记多次强调:历史是最好的教科书,也是最好的清醒剂。增强历史自觉方能坚定文化自信。该校注重把握廉洁文化建

设的共性要求,充分挖掘纺织学科特有的历史资源优势,从纺织学科的历史维度出发,厘清学科文化的历史生成、历史诉求、历史方位和历史成就,运用丰厚的历史素材启发师生从不同历史维度感知纺织学科文化中的正能量、正形象,从中汲取学科历史中廉洁自律的内在养分。在挖掘历史素材的同时,该校还推动师生增强历史自觉,加深对"讲廉洁、树廉洁"的认知,以纺织学科的历史底蕴和精神动力,涵养师生自觉自信的廉洁意识,从而实现廉洁文化入心入脑的黏性效果。

其次,从政治角度突出廉洁重要性。教育是国之大计,党之大计。纺织学科作为中国特色高等教育的有机构成,其政治任务是培养社会主义事业建设者和接班人,其政治担当是推进中国特色社会主义伟大事业。步入新时代以来,党和国家赋予纺织学科面向国家重大需求培养纺织创新人才、面向世界科技前沿开展一流纺织研究、面向经济主战场实现纺织跨越式发展、面向人民生命健康扩大纺织应用领域的政治使命。这一使命的内核具有鲜明的"国之大者"意义,亟须师生把握政治要义、从中会意,通过践行纺织学科文化中的敬业、奉献等精神激发政治担当意识。这一过程也在无形中拓展了廉洁文化的精神外延,真正让"不讲廉洁就没有作为、就迷失方向"的危机意识植入学科建设全过程。

再次，从规则角度把握廉洁必要性。毛泽东同志曾指出，马克思、恩格斯、列宁、斯大林教导我们说："应该从客观存在着的实际事物出发，从其中引出规律，作为我们行动的向导。"①纺织学科的发展既需要遵循学术、专业、人才等构成要素的表征性规律，又应遵循各项发展要素背后守法度、讲诚信、拒腐蚀的普遍适用性规则，而这些恰恰是构成纺织类高校廉洁文化的重要因子。高校不是法外之地、无序之界，纵观近年内发生的教师违法违纪案例，共同特征就是当事人规则意识淡薄，常以潜规则代替真规则，从而扰乱了学科建设与发展的正常秩序。作为肩负"为党育人、为国育才"使命的高校教师，应把规则、纪律、制度放在前面，以"干净"担当诠释廉洁要义，这是纺织学科发展的历史必然和现实要求。相应地，作为未来的社会主义事业建设者和接班人，学生也应把守牢学术诚信、遵循道德规范作为成才文化加以内化，真正在廉洁文化浸润中成为具有廉洁意识、心系社稷的纺织产业生力军。

**（二）讲好"三种语言"，以学科文化表达构建廉洁文化语境**

首先，讲好"思想性语言"。思想是行为的先导，没有富含思想性的介质传导，文化传承创新的效能便不能得到

---

① 毛泽东.毛泽东选集:第三卷[M].北京:人民出版社,1991:799.

显现。就廉洁文化而言,经过长时间历史沉淀和生动实践,其已从抽象的传统美德演进为语言、文字、影音画乃至制度等具象要素,在启发廉洁意识、触发廉洁行为方面形成耳濡目染的日常效应,把"勿以恶小而为之"等大众化廉洁思想传递至师生。而在以学科建设为办学核心的高校环境内,廉洁文化建设不但需要生动讲述廉洁文化本身的思想沉淀,而且要旗帜鲜明传导高校廉洁文化建设的现实意义、鲜明目标、行为要求,特别是要讲清、讲透廉洁文化建设与学科建设同向同行的机理,推动师生以联系、发展的眼光审视纺织学科发展对廉洁文化建设的内在需要,确立廉洁文化成为涵养师德、师风、学风的思想指南和行动指针。

其次,讲好"制度性语言"。《孟子·离娄上》有言:"徒法不能以自行。"其义是指法律法规的运行不会自然而然发挥作用,还需要有相应的支撑环境。同理,廉洁文化建设作为一项系统工程,不仅需要丰富的内容支撑,也需要完整的配套保障。这一过程中,制度保障自然尤为重要。不同的学科,对于制度环境构建的要求不尽相同。对于纺织学科而言,一方面,要从促进纺织学科自身发展的视角出发建立健全的制度体系,通过确立集中统一领导、各方分工协作的机制架构,建立与纺织学科相匹配的分工协作制度、日常监督制度、考核评价制度等,以促进学科发展的意蕴显现出制度建设的倡廉意义、树廉导向，让制度建设为廉洁文化建设"代言"。另一方面，要契合纺织学科师生实际，优化制度传播环境，立足纺织学科师生在知识储备、文化积累、素质拓展方面的共性与个性特征，做好制度的主题化、通俗化、形象化的表达输出，构建制度进楼道、进网络、进学科团队、进学科群等一体化传导空间，推动师生把遵章守规的规矩意识融入推动学科发展的自觉行动之中，促成制度建设与学科发展之间的良性互动。

最后，讲好"实践性语言"。实践是检验真理的唯一标准。廉洁文化建设需要理论层面的开宗明义、统一理念，也需要在实践层面形成可感知、可触达的行为输出、强化认知。立足理论与实践相结合的底层逻辑，纺织学科要用好学科文化要素建构集视觉、触觉、味觉、听觉于一体的廉洁文化实践载体，从而达到"生产—实践—内化"的传播效果。纵观国内纺织类高校，浙江理工大学作为一所有着126年纺织学科办学历史的高校，其纺织科学与工程学院在此方面做了一定的探索与实践。该学院确立"春蚕铭"廉洁文化品牌，突出"春蚕"这一学科文化标识，以"春蚕吐丝"的精神诠释为切入点，组织师生开展写廉文、讲廉事、绘廉画、贴廉语、书廉诗、拍廉影等主题活动，建构集动手、动脑、动脚、动心于一体的"实践行为矩阵"，用学科性语言描述廉洁内涵，逐渐形成春蚕主题的廉洁文化长廊和网络清风书院,成为师生线上线下开展廉洁文化教育和专业教育的全天候场景。

### (三)整合"三个要素",以学科文化内力增强廉洁文化功能

首先,以育人文化为要素增强廉洁文化的价值引导功能。育人是高校永恒的主题,也是学科承载的核心功能。育人文化本质是一种"教人"的文化,其来源于育人实践,与学科发生、发展的路径相统一,折射出学科文化紧盯育人功能的价值方向与时代烙印。如浙江理工大学纺织学科起源于杭州知府林启创办的蚕学馆,从创办之日起,就一直聚焦"人才培养为第一要义"使命,其鲜明的育人导向成为该校纺织学科未曾偏离的价值核心。"本立而道生",以培养人、塑造人为方向的使命掌舵,其实质就是通过学科使命激励育人者明确自身育人价值定位,进而唤醒学生的爱国、敬业、诚信等意识和行为,这恰恰是高校廉洁文化最能彰显高校特征、反映教育本质的价值引导。就实际而言,该校纺织学科挖掘并输出课程启发人、科研激励人、实践锻炼人、服务感动人等系列育人文化要素,推动敬业、诚信、奉献、守纪等廉洁文化价值倡导从抽象转为具象,实现"以廉洁文化促育人、以育人文化促廉洁"的互促效应。

其次,以师德文化要素增强廉洁文化的行为约束功

能。"师德建设在高校廉洁治理体系中具有基础性地位，直接影响高校廉洁治理的方向和效果。"①把师德师风建设贯穿于高校廉洁文化建设，既体现出高校的特殊地位，又体现了高校的应有担当，但不同学科的师德师风建设既有共性要求，也有个性特征，正是这些个性特征构成不同学科之间师德文化的显性要素。正如纺织学科融基础学科和应用学科的综合特性于一体，其包含的师德文化要素往往与历代纺织教育前辈沉淀的"团结、求实、勤奋、进取"等学科精神相连。相较于笼统的师德规范，学科精神指向的师德文化要素对教师行为更具针对性、实操性，如浙江理工大学纺织科学与工程学院面向老师设置"春蚕奖"，形象化地展示该学科师德特征，形成良性精神激励效应。同时，纺织类高校也要相应建立与师德文化内涵相关的记录、考评和激励机制，推动"学高为师、身正为范"的师德文化融入教育教学全过程、服务管理全方位，使教师自觉扎紧"不敢腐、不能腐、不想腐"的行为栅栏，这与廉洁文化建设有着异曲同工之妙。

最后，以学术文化要素增强廉洁文化的环境净化功能。学术是高校的核心元素之一，决定了学科的生存与发

① 戚国伟、江卓.廉洁治理视角下的高校师德建设刍议[J].北京教育（高教），2019（1）：43.

展,具有浓厚的政治性、理论性和社会性。正如德国哲学家费希特所言:"提高整个人类的道德风尚是每一个人的最终目标,这不仅是整个社会的最终目标,而且也是学者在社会中全部工作的最终目标。"①学者的职责就是要永远树立这个最终目标,当他在社会上做一切事情时都要首先想到这个目标。纵观纺织学科发展史,从一根蚕丝到近代民族工作中流砥柱,再到覆盖全球的产业链条,学科和产业的共生,与学术道德、学术品格、学术诚信方面的文化赋能密不可分。与学术文化不符甚至相违背的意识与行为,自然是学术圈所鄙夷的,也是高校廉洁文化建设的靶向所在。纺织类高校要将学术的重要性植入师生心中,通过打造主题性展览、启发性交流甚至反面案例等场景,传播"诚信、笃实、厚德"等学术文化要素,厚植师生"做学术先做人"的精神底气,自觉向学术不端的意识与行为"亮剑",从而形成风清气正的学术生态,实现廉洁环境的营造与净化。

## 四、结语

学科文化折射出学科的内核基因,是高校师生坚定学

---

① 费希特.论学者的使命　人的使命[M].梁志学,沈真,译.北京:商务印书馆,2017:45.

科自信和文化自信的有机统一。立足学科文化审视高校廉洁文化建设，蕴含着高校作为特殊社会组织贯彻全面从严治党战略的应有之义，推动高等教育规律在高校廉洁文化建设中的融合贯穿，进而有效放大、增强廉洁文化建设的高校属性、教育特性、附着黏性。立足现实，从学科文化视角进行探析，发现当前一些高校的廉洁文化建设中存在文化要素学科性不够深刻、文化表达鲜活性不够突出、文化功能多重性不够显现等短板。针对此类短板，以纺织学科为例，可从学科的历史、政治、规则三个角度出发丰富廉洁文化内涵，通过讲好学科的"思想性、制度性、实践性"三种语言构建廉洁文化语境，整合学科的育人文化、师德文化、学术文化三个要素，增强廉洁文化功能，从而实现纺织类高校学科文化正向推动廉洁文化建设的有效路径。囿于不同高校、不同学科的历史和现状，学科文化促进高校廉洁文化建设的实现路径也应有所区别，有待研究者从模式生成、渠道延展、介质架构等方面进一步探讨，特别是要挖掘不同类别、不同时期、不同阶段、不同领域学科文化蕴含的廉洁基因，从而生成学科建设的正向推力，持续推动高校廉洁文化建设的高质量发展。

［发表于《浙江理工大学学报》（社会科学版）2023 年第 4 期，系 2023 年度浙江省廉洁文化建设优秀理论成果］

# "一带一路"倡议视域下丝绸产业数字传播应用现状与发展对策研究

## ——以浙江省为例

丝绸自古是中华文明连接世界文明的典型载体,始终扮演经济文化交流的重要角色。丝绸产业作为中国传统经济业态之一,是世人皆知且具有中国特色的产业标志。然而,随着产业变革、技术升级与时代发展,丝绸产业作为传统产业的特征日益明显,尤其是市场萎缩、产品单一、技术停滞成为困扰产业发展的瓶颈。如何在新发展阶段提振丝绸产业的动力和活力,成为丝绸产业亟须解答的问题。

习近平总书记于 2013 年先后提出的共建"丝绸之路经济带"与"21 世纪海上丝绸之路"的重大倡议,正是对现阶段这一问题的重要解答。该倡议旨在针对企业发展的内在需求与产业发展的阶段性特点,通过建设中国与"一带一路"共建国家的合作共赢之路,深化"走出去"与"引进来"的对外开放新格局,实现经济的持续稳定增长。①
该倡议含有鲜亮的"丝绸"符号,赋予古老丝绸之路崭新
的时代气息,成为诸多产业有机融入国内国际双循环的全
新命题。现实中,基于日益成熟的网络环境与数字技术,
数字传播应运而生,且在助推产业"走出去"方面呈现出
独特优势,尤其是在促进传统产业适应新阶段、创造新动
能、构筑新业态、重塑新印象等方面大有裨益。浙江素有
"丝绸之府"美誉,是丝绸产业集聚地之一。近年来,浙江
以数字浙江建设推进经济社会高质量发展,2021 年和
2022 年数字化综合发展水平均位居 31 个省(区、市)第一
名。2022 年,浙江数字经济规模接近 4 万亿元,占 GDP 比
重达 50.6%,其中核心产业增加值达 8977 亿元,产业数字
化指数连续 3 年位居全国第一。② 可见,数字技术既改变
了人们的社交方式,也为产业发展提供了新的机会,而数
字传播作为数字技术在传播领域的深度运用,也日益受到
各界关注。本文基于浙江丝绸产业应用数字传播的现状
进行调查,分析其中短板与成因,进而提出改进对策,旨在
塑造丝绸产业与倡议核心要义相匹配的产业形象,助推浙

---

① 王欣,陈铄."一带一路"倡议与中国企业投资效率[J].金融
经济学研究,2020,35(1):45-46.
② 陈畴镛.数字中国战略的浙江溯源与实践[N].浙江日报,
2023-12-18(7).

江丝绸产业的"又一春天"。

## 一、浙江丝绸产业数字传播应用现状

数字传播也叫网络传播,是指以计算机为主体、以多媒体为辅助的能以网络传播方式来实现多种功能的信息传播活动,数字传播是在音像、文字、语言传播的基础上,为适应当前时代发展和社会需求而产生的一种大众传播。[①] 也就是通过语言、文字、声像等信息的多种交换功能,运用网络将各种数据、文字、图示、动画、音乐、语言、图像、电影和视频信息等组合在电脑上,并以此进行传播的模式,具有典型的扁平、快速、多元等特性。2023 年上半年,笔者以"丝绸企业应用数字传播现状"为主题,对杭州、湖州、嘉兴、绍兴等丝绸产业聚居地 40 家规模不一的企业进行抽样问卷、网络调查、个案访谈(其中含上市企业 2 家,规上企业 6 家,另有中小微企业 32 家,这些企业均以丝绸生产和丝绸贸易作为企业主营)。通过整合分析发现,这些企业对数字传播的认知、实践、价值思考存在以下特征。

---

① 杨红. 数字传播时代事件营销的伦理问题研究[D]. 广州:暨南大学,2017.

## （一）对数字传播的认知"深浅不一"

数字传播有别于传统传播模式，特别是其基于互联网的信息架构呈现出新型传播模式典型特征。但现今相对成熟的网络环境和高覆盖率的移动终端，以及数字概念的持续升温，使得数字传播的社会认知度、民众接受度与传统媒体几无差异。换言之，数字传播拥有较良好、稳定的社会适用基础。然而，从企业视角出发审视数字传播，仍可发现"深浅不一"的差异性表征。调查中，26 家企业对数字传播的正向作用持认可观点，且对数字传播应用于企业经营的发展趋势持乐观态度。但值得关注的是，这些企业对于数字传播的认知还停留在浅层阶段，尤其是以中小企业为代表的企业主认为数字传播就是"升级的企业广告""媒体端的产品营销"，而对数字传播所富含的文化辐射、形象塑造、社会影响、管理优化等功能鲜有提及，对数字传播介质承载的认知也仅限于公众号、网站两类。另有14 家企业对数字传播功能实现存有疑虑，认为数字传播"听起来好、做起来难"，有的中小微企业则把数字传播与"拓展生意圈、发展'关系户'"做比较，认为数字技术赋能业务拓展的效率不够高、过程相对复杂，且需要大量的前期投入和后期维护，会直接导致企业经营成本增加，进而影响企业市场竞争优势。调查结果显示，企业认为丝绸产业发展主要支撑点根据重要性从高到低排列,依次是国家政策、经济环境、商业模式、营销渠道,数字赋能排名较后,这或是不少企业对数字传播"有心无力"的观念折射。

## (二)对数字传播的实践"冷热不均"

虽然多数企业对数字传播的认知处于浅层阶段,但在数字理念驱动下,仍有22家企业对数字传播进行实战应用。根据数字传播运用方式与维持状态,这22家企业大致可分为3种类型:一是炙热型实践。该类企业仅有3家,它们具有较强的数字传播意识,把数字传播作为企业文化和产品营销的辐射源,建有完整的数字化运行团队,开辟出以数字技术为支撑的线下展厅。长期运行较成熟的公众号营销平台和网站,企业官网、官微及网上商城信息的更新率比较高,有的甚至还引入网络平台AI模型进行产品定制。二是浅尝型实践。该类企业占多数,达12家,其共性在于具有一定的数字传播意识,前期已有资源投入,但运营开发相对保守或缺乏持续性,呈现为官网、官微、电子商城等线上内容刷新频率较低,且往往倾向于形象展示、讯息传递、活动报道等静态素材,线下空间里应用数字技术开发主题视频、制作媒体节目等现象几无看到。三是挫败型实践。该类企业均有过数字传播的尝试,但由于成效不明显而选择放弃运行,如杭州"遇见武林"街区某知名丝绸企业营销人员所言,他们的网上商城因为生意惨淡而停止运维,相比技术升级快、维护成本高的数字平台,直营和连锁的销售模式在回笼资金和稳定客源方面优势明显。另调查发现,以上22家企业还存在一个突出共性,即数字传播的内容普遍缺乏国际化元素,无论是文字、语言还是产品应用场景,均局限于本土视域,对"一带一路"概念更是缺乏显性表达。

### (三)对数字传播的价值"定位不同"

价值遵循是企业生存法则,尤其是投入产出比是影响企业行为的最主要因素。就数字传播而言,不同企业会从不同视角进行价值审视,这恰是对数字传播应用形成不同预期的初心所在。综观调查结果,关于数字传播的价值定位可分为3类:一是把数字传播作为销售渠道。持有此类观点的企业居多数,其往往把数字传播作为销售渠道的衍生发展方式,以期通过网络和数字技术扩大产品覆盖范围和推动业务发展,在客群的定位上也局限于国内,对国外受众考虑较少。二是把数字传播作为形象窗口。此类企业具有一定生产规模且拥有良好社会声誉,但对数字传播的经济价值期望不高,原因在于这些企业发展布局发生改变,丝绸已渐渐从企业的主要营收项目退居到"二线"。三是把数字传播作为文化链接。该类企业仅个例,其以数字技术叠加丝绸文化的方式开发数字电视专访、网络广告、城市地标展播、网上商城等介质,勾勒出以文化为中轴的数字传播体系,进而全方位塑造企业形象与产品特质,也助力企业成为若干"大事件"、重要活动的"常客",但在立足全球视域设计传播内容方面还有诸多空白之处。

## 二、"一带一路"倡议视域下浙江丝绸
## 产业数字传播短板成因分析

综上所述,浙江丝绸产业在数字传播方面已有一定探索,但在认知深度、应用热度和思考向度方面尚未形成一致性观点和行为,尤其是从"一带一路"倡议视域出发运用数字传播发展丝绸产业的显性特征还不够鲜明。事实上,"一带一路"倡议融入古代丝绸之路历史符号,讲求发展与共建国家的经济合作伙伴关系,以期共同打造政治互信、经济融合、文化包容的共同体。这一过程中,增进交流、增强互信显然是"一带一路"倡议的内在要求和外在特征,这恰是数字传播的支撑作用所在。2021 年习近平总书记在中共中央政治局第三十次集体学习时强调:"要深刻认识新形势下加强和改进国际传播工作的重要性和必要性,下大气力加强国际传播能力建设,形成同我国综

合国力和国际地位相匹配的国际话语权。"①丝绸产业担
负民族工业振兴的使命，是传播中国文化、讲好中国故事
的鲜活承载，势必要从"一带一路"倡议核心要义出发，融
入中国特色战略传播体系。这就对丝绸产业传播能力特
别是数字传播能力提出更高要求。以此为目标，结合前期
调研情况，可以看到目前浙江丝绸产业数字传播方面仍存
在一定短板，究其成因在于以下三点。

## （一）企业经营思维与国际化传播要义的匹配度欠佳

自古以来，丝绸是中国连接世界的文化符号，是中国
倡导开放的传播介质。"一带一路"倡议的提出是顺应世
界多极化、经济全球化、文化多样化、社会信息化的潮流，
为丝绸产业在内的诸多产业融入国内国际两个大局提供
政策激励、市场机遇、舆论环境。作为产业主体的企业，应
传承开放精神，提高产业发展定位，从国家战略、地方需
求、行业发展、自身生存等多个维度出发，把经营视域扩大
至以"一带一路"共建国家为基础的国际范围，最典型的
做法之一就是运用数字传播推动丝绸产业国际化进程，讲
好新时代"中国丝绸故事"。但就现实而言，不少丝绸企

---

① 加强和改进国际传播工作 展示真实立体全面的中国［EB/
OL］.（2021-06-02）［2024-04-03］. http://jhsjk. people. cn/article/
32120102.

业的经营思维与国际化传播要义尚未完全匹配,其症结包括:一是缺乏产业国际化思维,针对国际贸易摩擦增多的当下,偏向于"维持现状、得过且过"的安全边际,缺乏进一步突破"本土、孤岛、传统"动力支撑,面向全球、面向未来的自觉自信不够突出。尤其是对如何在产业上下游构建起有联动、有互动的辐射圈,实现丝绸企业与相关行业、相关领域的融合共生状态缺乏深度思考,自然也就未能形成优质的传播内容。二是缺乏受众国际化思维,市场结构、消费受众局限于国内存量,对跨国性消费的产品流向、市场价格、潜在量能等要素未有全盘分析,产品也就未能从用户全球化、需求多样化、匹配多元化的角度出发进行商业链接。换言之,以受众需求激发生产消费的循环机制尚不明显,这是导致企业在构建数字传播平台时缺乏精准内容投放与得到有效回应的主要原因。

### (二)要素表达方式与多样化媒体介质的融合度尚浅

正如调查显示,不少丝绸企业在开展数字传播实践过程中,由于缺少对"一带一路"倡议相关的国际化、主题化思考,其传播内容的延展性、丰富性、时效性也受到一定影响。对语言、文字、音像等传播要素的数字化处理方式和理解程度不够深,导致表达形式单一,技术应用停留于浅层。比如,有的企业对传统媒体持"冰冷态度",其认为电视、广播、报纸等已经落伍，且与数字传播平台大相径庭，导致丝绸从以前传统媒体的"常客"成为如今的"稀客"。而事实上，传统媒体早已通过数字技术和移动平台实现对电视广告、节目版块、电子阅读等端口的全要素融合，并以其公信力强、定制性好、覆盖面广的传统优势，成为赢得各年龄层受众青睐的"关键一招"。又如，不少企业对新媒体持"生冷态度"，除了大众所熟悉的"两微一端"，鲜有企业对 AI、AR、VR、5G 等日趋成熟的数字技术进行应用实践。特别是部分具有深厚历史积淀、富有文化感召、拥有资源基础的丝绸企业，也较少对现有平台实现硬件配置、软件应用的升级改造，对"一键直达"的数字生态更是缺少谋划和实践，如何实现与国际环境、前沿领域的对话链接尚未成为多数企业的"必答选项"。

### （三）内容设计开发与品质化创造要求的契合度过低

"内容作为传播的一个要素，始终是整个传播领域中最具基础意义的元素。"[1]丝绸产业的发展演进过程富含独特的理念与丰富的内涵，由此衍生的传播内容势必在主题和形式上兼具历史性、时代性。但就现实而言，不少企

---

① 喻国明，张珂嘉.论作为关系表达的传播内容范式[J].武汉大学学报（哲学社会科学版），2020，73（4）：66.

业的传播内容明显缺乏从政治、经济、文化、社会、生态等多个向度进行的挖掘和传导。一是"中国特色"不够浓厚,以丝绸为主线讲中国故事、呈中国智慧、提中国方案、传中国声音的意味传达较弱,局限于把丝绸作为纯粹的工业产品,而非中国特色产业体系的一个具象缩影加以传播,就丝绸论丝绸的内容自然吸引不了大众。二是行业特色不够彰显,多数企业的传播内容仅是聚焦商业导向下的生存业态,没能以丝绸本源为底蕴挖掘丝绸及上下游产业的前世今生,对丝绸文化、丝绸科技、丝绸业态所构成的行业特色刻画不足,与千年历史沉淀塑造而成的产业形象不匹配。三是企业特质不够鲜明,一定程度上存在传播内容"随大流"或生搬硬套的现象,对丝绸企业独具的核心竞争力缺乏要素分析、凝练和呈现。其中,部分企业甚至出于"走捷径、减成本"的考虑而采用"复制粘贴、捡现成"的方法投放传播内容,与受众所需的高品质内容创造要求相距甚远。

## 三、"一带一路"倡议视域下浙江丝绸产业数字传播发展对策

习近平在第三届"一带一路"国际合作高峰论坛开幕式上指出:"提出这一倡议的初心,是借鉴古丝绸之路,以互联互通为主线,同各国加强政策沟通、设施联通、贸易畅

通、资金融通、民心相通，为世界经济增长注入新动能，为全球发展开辟新空间，为国际经济合作打造新平台。"①丝绸产业作为"最早走出去"的民族工业之一，响应倡议既是历史之鉴，也是如今拓展发展空间、增强全球链接、构建人类命运共同体的应有之义。在数字传播语境下，浙江丝绸产业要诠释倡议所提出的"共商、共建、共享"原则，需秉持系统观念，遵循数字传播赋能产业发展的基本逻辑，从政策环境、行业环境、市场环境、企业经营环境四个维度出发，构建"政府育导、行业引导、市场利导、文化先导"的四位一体数字传播发展模式。

## （一）强化政府育导，提升数字传播引领力

政府是国家权力机关，在社会管理中具有决策权、管理权。产业发展既属于经济范畴，也是社会治理重要构成。倡议为政府提高开放质量提供有效遵循，也对政府扶持产业发展的治理能力提出更高要求。基于数字传播的运行价值和丝绸产业现状，政府应在意识激发、政策优化、人才支撑等方面强化培育和引导，提振丝绸产业聚焦数字传播的信心与能力。一是激发自觉意识。强化丝绸产业

---

① 建设开放包容、互联互通、共同发展的世界——在第三届"一带一路"国际合作高峰论坛开幕式上的主旨演讲[EB/OL].（2023-10-18）[2024-04-03]. http://jhsjk.people.cn/article/40098617.

"走出去"顶层设计,在全产业倡导数字传播的重要性认知、概念性表达和实质性运用,使传播立意、传播内容、传播方向等方面更具"国之大者"内涵。同时,明确丝绸产业在"一带一路"倡议系统布局中的地位、角色与作用,明确丝绸产业"展示形象、代言地方、形成链接"的数字窗口功能定位,为应用数字传播自觉自信奠定思想基础。二是优化政策环境。加强"数字中国""数字浙江"建设,融合《浙江省打造"一带一路"枢纽行动计划》《中共浙江省委 浙江省人民政府关于以"一带一路"建设为统领构建全面开放新格局的意见》等政策要义,依托现实基础,打造集项目支撑、经费保障、效益评估、典型挖掘于一体的数字传播建设方案,促进数字传播融入丝绸企业的帮扶体系、认证体系、管理体系中,既旗帜鲜明也有的放矢地营造应用实践氛围。三是强化人才支撑。人才是第一资源,政府特别是教育、人社、发展改革委等部门,要协同高校和专业培训机构,创新数字传播人才培育体系,引育结合优化专业队伍梯队和业务团队培养。如此前,杭州市委宣传部推进"部校共建新闻学院机制",与浙江理工大学共建新闻传播学院,目前已有不少专业性人才和骨干师资进入丝绸类企业,为所在企业建设数字传播平台提供智力支持。

## （二）强化行业引导,提升数字传播驱动力

行业是产业的有机构成,对企业发展具有凝聚、引领、推动作用。发挥丝绸行业"风向标"导引功能,激发丝绸企业与数字传播之间的强链接效应,对于提升丝绸产业数字传播能力水平的意义不言而喻。目前,浙江拥有多个具备全国乃至全球影响力的丝绸行业组织,这些主体可从三个方面提高丝绸产业数字传播能力:一是发挥联动作用。紧扣倡议"共享、共惠、共赢、共通"理念,建立企业间的联动协调机制,挖掘探索实践典型,总结分享经验做法,总结提炼数字传播应用"行规"。相对成熟的区域可以针对行业内企业主体发展状态,制定不同层级的数字传播操作标准,如网页设置、语言配置、文字表达、音像输出等,以标准化推动规范化、专业化。二是发挥联系作用。当好桥梁纽带,推动形成数字互动平台,搭建以数字传播为牵引的载体,融合丝绸、健康、文化、绿色等要素的网络生态圈。特别是针对中小企业对整合资源的需求迫切性,以低门槛、低成本的网络平台打通技术、渠道、原料、政策之间的信息壁垒,成为这类企业应用数字传播融入更大市场的"强心剂"。三是发挥联合作用。当好推手和参谋,联合政府、专业机构、受众群体,强化对丝绸产业应用数字传播的常态化监测,有条件的企业可引入第三方专业机构,实施过

程与效果的双向评价机制,为企业架设数字传播体系提供解决方案。

### (三)强化市场利导,提升数字传播生产力

国际竞争的实质是"善治",深层的贸易格局演化使得世界各国竞争对手之间的利益冲突和重合同时产生,驱使着贸易关系朝着互利共生的方向演化。① 而互利共生的市场环境基础在于打破信息屏障、形成信息交互。网络和数字技术恰为不同国度、不同社会、不同熟悉程度的个体提供无障碍交流平台,推动个人信息和公众信息更快速和方便地在国家间传递。② 在这一过程中,丝绸产业应遵循数字环境下的市场发展规律,把数字理念、数字技术、数字人员、数字内容有机运用于营销、生产、投资等与传播息息相关的各个环节,建构起以市场为导向、线上线下并驾齐驱的信息流通平台。具体实践主要包括:一是开发线上信息平台。针对"一带一路"共建国家的具象化市场需求,开辟主题性强、契合性强、表达性强的网络数字栏目,把数字传播融入数字营销、数字管理、数字服务的前沿阵

---

① 金碚.论经济全球化 3.0 时代:兼论"一带一路"的互通观念[J].中国工业经济,2016(1):5-20.

② 童清艳,刘璐.网络与数字传播:增强中华文化全球影响力的有效途径[J].现代传播(中国传媒大学学报),2019,41(6):11-16.

地,以网络文字激发需求共振,以网络语言形成需求表达,以网络音像刻画需求要素,变传播为助推力、生产力。二是建构线下信息场景。在现有丝绸产业或产品集散地基础上,围绕消费信息数字赋能,发挥"数字 + 文旅 + 商业"之间全链条效应,打造包括"丝绸小镇"在内的地标性丝绸产业信息综合体,构建以算法为内核的数字街区、数字商城、数字娱乐、数字采购等消费平台,以人气点燃市场烟火气。

### (四)强化文化先导,提升数字传播渗透力

促进"一带一路"共建国家的经济快速协调发展,不仅要进行相应的经济合作,而且要彼此了解相互的文化,求同存异,实现跨文化管理在保存本土优秀文化的基础上,促进不同国家、不同文化背景的人们之间的沟通和理解。[①] 丝绸文化历来是中华优秀传统文化的集中代表,其发展演进本身就是一部贯通中外、链接古今的历史长卷。就某种意义而言,丝绸产业比许多产业更有文化自信的底气,也更具传播、弘扬、交流文化的使命意义。而今,在网络与数字环境中,借助数字技术对优秀传统文化进行现代

① 秦子瑜.浅析"一带一路"跨界文化传播对经济发展的促进[J].新闻传播,2016(13):119-120.

转化与创新,从而进行通俗化阐释与表达,使其在形式和内容上都能体现当代审美需求,更易被当代大众所接受与运用,不断增强民族文化认同。① 故在应用数字传播过程中,一是要注重创新实体文化场景,有机引入数字传导技术,以原有场地、设备、物件为基础,围绕历史、产品、文化等要素叠加数字化、国际化概念,形成视觉、听觉甚至触觉、嗅觉的完整表达,构建以丝绸文化为主题的数字展厅、数字体验区、数字办公区等沉浸式场景,实现"文以化人"效应。二是构建虚拟文化场景,发挥网络"平、快、活"先天优势,紧扣丝绸、科技、生态、文化、浙江等核心要素,针对不同使用需求、日常浏览习惯,开发智能问答、模拟影像和故事音像等集成板块,使官网、公众号、电子商城等平台成为丝绸文化的传声筒、丝绸产业的放大镜、丝绸企业的代言人、丝绸品牌的塑造者,在交互、交流、交往、交融中形成情感共振、文化认同。

# 四、结语

"一带一路"倡议 10 年的实践历程足以证明,开放包

---

① 刘建萍,王天娇.数字技术赋能传统文化创新发展探究[J].福建论坛(人文社会科学版),2022(12):44-53.

容、互联互通、共同发展仍是世界各国的内心呼唤,而促进交流、增进了解恰是贯通其中的动力与基础。"你中有我,我中有你"的共生形态呼唤信息传播关系重塑,这也是数字传播登上历史舞台的题中之义。事实上,产业的生存与发展具有天然的对外开放本性,而传统产业转型升级的要义之一恰是产业生存空间的重新定义与接续放大,这也是构建人类命运共同体的内涵遵循。立足"一带一路"倡议对丝绸产业这一民族工业进行重新审视,深度思考与实践丝绸产业链接世界的模式与方法,基于互联网技术的数字传播具有极强适用性和实用性。针对当前浙江丝绸产业应用数字传播方面存在的思维偏窄、表达欠佳、创意不足等现象,通过强化"政府育导、行业引导、市场利导、文化先导"的四位一体发展模式建设,有利于增强丝绸产业面向世界舞台的开放性和竞争力。囿于浙江丝绸产业分布较广、企业数量较多的现实,研究在广度和深度方面还留有不足,特别是企业主观能动、数据精准挖掘、个案全方位描述及省内外横向比对等还有待深度解析。同时,倡议带给浙江丝绸产业的市场红利和改革活力尚需进一步厘定,进而更好依托数字传播推动丝绸产业从浙江走向世界,从现实走向未来。

(发表于《丝绸》2024 年第 5 期)

# 基于留学生视角的杭州城市国际化形象感知与改进对策

党的二十届三中全会指出:"开放是中国式现代化的鲜明标识。"这一重要论断不仅深刻揭示开放对于中国现代化进程的推动作用,也为杭州这座历史悠久而又充满活力的城市在国际化道路上的发展指明了方向。在全球化日益加深的今天,塑造有竞争力、吸引力的国际化城市形象,对于推动中国式现代化进程具有重要意义。

城市形象是公众对某个城市政治、经济、文化、社会、生态、治安、幸福感等各方面的综合印象与评价。塑造良好城市形象具有重大战略意义,有利于增强城市综合竞争力,促使城市对外交流与合作,提高城市知名度与美誉度,推动建设具有国际影响力的现代化城市。① 随着"一带一路"倡议广泛响应、G20峰会成功举办和2023年亚运会圆

---

① 尹铂淳.基于大型语料库的长沙国际形象及其自塑策略研究[J].湘潭大学学报(哲学社会科学版),2022,46(4):177-181.

满落幕,杭州成为全球聚焦点,吸引越来越多外籍人士前来学习工作,而留学生则是其中的重要构成。据不完全统计,目前在杭的留学生群体(主要指学历生,不含短期语言班学生)超过1万人。这些留学生是杭州与其国家之间沟通交流的桥梁和纽带,为杭州提升国际化城市形象、扩大国际化传播视域提供丰富载体和有效介质。

本文聚焦在杭留学生对杭州城市国际化形象的多维感知,开展实证调查,形成数据沉淀,运用心理学、社会学、管理学等学科知识,剖析当前杭州城市国际化形象的短板,对如何进一步提升杭州城市国际化形象提出针对性建议,以更好地发挥留学生对外交流的桥梁纽带和形象折射作用,助力杭州打造现代化国际大都市。

# 一、背景与意义

## (一)时代命题的回应所需

国际化是全球化背景下的时代命题,支撑这一命题的要素毫无疑问包括经济、政治、文化、社会、生态的全面、深度、交互链接。城市作为社会组织形态的高级形式,其国际化形象已成为国家和地方治理现代化程度的重要标志。城市国际化不仅是一个结果,更是一个与其他国际城市逐步接轨的过程,在此过程中,通过与其他城市的物质、文化、信息的交流,实现城市发展利益的最大化。[①] 对于城市国际化,学界并未形成公认且统一的观点,且相应的指标体系、评价标准往往随着时间变化而发生相应变化。囿于历史和现实原因,国内对城市国际化的探索实践起步较晚。比如:上海直到 2000 年才提出建设"国际化城市"的口号;此后,成都、南京也陆续推进相应规划和办法;杭州市直到 2016 年才发布《中共杭州市委关于全面提升杭州城市国际化的若干意见》。得益于内涵凸显与外延输出的并驾齐驱,这些地方城市国际化逐渐呈现出相应的个性特征。

## (二)杭州城市的发展所需

"钱塘自古繁华",从吴越到清代,杭州依托京杭大运河之便利以及发达的丝绸和粮食产业,与外界形成密切的商贸往来,在唐五代时就已是东南沿海最重要的贸易港口。元朝时期,杭州被意大利旅行家马可·波罗誉为"世界上最高贵和华丽的天城"。杭州是沿海特大城市,长江三角洲中心城市之一。"把杭州建设成为世界名城",是习近平总书记对杭州的殷切期望,是杭州城市发展的重要

---

① 尹铂淳.基于大型语料库的长沙国际形象及其自塑策略研究[J].湘潭大学学报(哲学社会科学版),2022,46(4):177-181.

遵循,也是广大杭州人民的共同心愿。就世界名城而言,其内蕴核心自然在于"世界范儿",其内在本义和重要基础恰在杭州城市国际化。2024 年 1 月,杭州市委、市政府印发实施《关于提升城市国际化水平奋力打造世界一流的社会主义现代化国际大都市的实施意见》,旨在全面提升杭州城市国际竞争力和影响力,放大亚运综合效应,推进高水平对外开放格局,奋力打造世界一流的社会主义现代化国际大都市。

### (三)留学生的价值所需

留学生作为国际化产物之一,是教育、文化、经济乃至政治等要素国际化的具体承载。习近平总书记高度重视留学生工作,2023 年 7 月 4 日专门回信给南京审计大学审计专业硕士国际班的留学生,鼓励他们为深化国家友谊和合作积极贡献力量。就城市国际化而言,他们既是受益者,也是深度体验者。由于文化背景的巨大差异以及与原有生活环境的隔断,"如何适应"成为留学生在杭州学习生活中面临的首要问题。留学生在教育、文化、经济乃至政治的国际化发展中,需要寻找到熟悉的元素,减少由生活不确定性导致的焦虑心态,以较快适应新的生活。同时通过留学,他们不仅可以重新定义个人身份,确定人生意义和未来发展方向,还可以在此过程中不断丰富自我内涵和经验图式,加深对多元文化的理解。在杭留学生在中国学习、生活时间较长,一般有着丰富的跨文化经历,研究他们对杭州城市国际化形象的感知、看法、评价,对杭州更有针对性地进行城市国际形象的塑造具有积极意义。

## 二、留学生对杭州城市国际化形象感知的调研

留学生是国际交往的重要力量和潜在动能,该群体不仅是教育国际化的"第一体验者",也是各国全方位交流的"第一践行者"。杭州历来是留学生高度关注的求学之地,目前,在杭留学生大部分来自发展中国家(含东欧、非洲、南亚地区),80%以上系本科与语言生,攻读硕士和博士学位的相对较少。前期,通过调研发现,留学生对杭州城市国际化的形象感知主要体现在生活、学习、工作、心理等四个维度。

### (一)生活感知

生活场景是城市国际化形象的直接反馈,对于留学生而言,是感知城市国际化的首要维度。由调查可知,80%的留学生对生活总体满意,细化到"吃穿住行"要素方面,具体评价如表1所示:

表1　留学生"吃穿住行"要素评价统计

| 项目 | 问卷(访谈)评价 | 代表性评价 |
|---|---|---|
| 吃(饮食) | 正向 | ▲可供选择品类较多 |
| | | ▲中国菜本身味道不错 |
| | | ▲外卖配送效率高 |
| | | ▲营业时间长 |
| | | ▲菜价能够接受 |
| | | ▲文化价值感丰富 |
| | | ▲线下服务热情 |
| | 负向 | ▲国际性主题餐厅不够多(特别是西式餐厅较少) |
| | | ▲风味做法比较单一 |
| | | ▲校园食堂菜品一般 |
| | | ▲对食材与烹饪方式感到陌生 |
| 穿(服饰) | 正向 | ▲校园穿搭服饰潮流鲜明 |
| | | ▲尊重民族服饰氛围好 |
| | | ▲传统服饰体验(尤其是白娘子等杭州特色人物服饰) |
| | | ▲传统工艺、丝绸服饰的观赏性强、珍藏价值高 |
| | 负向 | ▲线下实体店趋同性较大 |
| | | ▲售卖民族风服饰现象少见 |
| | | ▲尺码与版型的不适应 |

续　表

| 项目 | 问卷（访谈）评价 | 代表性评价 |
|---|---|---|
| 住（环境） | 正向 | ▲街道和校园环境卫生整洁 |
| | | ▲垃圾分类比较普遍 |
| | | ▲绿化设施较为充分 |
| | | ▲安全性高 |
| | 负向 | ▲空气质量有时候不佳 |
| | | ▲冬夏气候条件不舒适 |
| | | ▲房间小，比较拥挤 |
| | | ▲寝室管理比较严格 |
| | | ▲隐私与空间需求无法完全满足 |
| 行（出行） | 正向 | ▲交通出行方式多样 |
| | | ▲智慧出行工具便捷 |
| | | ▲交通秩序较好 |
| | 负向 | ▲节假日出行很困难 |
| | | ▲城市配套比较分散 |
| | | ▲公共交通的标识辨识度不高 |
| | | ▲涉外酒店配置不够完善 |

首先，需求性供给还不够充分，尤其是在吃、穿方面。多样性供给满足基本需求，但在个性化需求的开发和应对方面尚有缺口，比如杭州作为服饰之都，面向非洲方向的服饰产品显然是少见的，而事实上非洲留学生体量并不少。相比北京、上海、广州甚至武汉，面向国际的用品超市

不多,想要较为轻松地买到商品对留学生来说并不容易。

其次,人性化配置还不够灵活,面向留学生的服务理念存在不足。尤其值得关注的是学校住宿制度,较为严格的管理制度,如门禁时间、访客制度等,严紧程度让不少留学生较难适应,由此引发的矛盾事件日趋增多。再比如,心理健康服务是留学生非常需要的支持之一,但是有些留学生可能因为文化差异而不愿意主动寻求心理咨询服务,部分高校也未能提供足够的和多元化的心理健康支持,可能导致留学生在应对压力时缺乏有效的沟通渠道。

最后,系统性支持不够全面,相对于硬件技术的前卫性,以国际化思维建构生活环境的意识尚未深入人心,体现在城市公共配套的细节中还不充分,留学生整体生活的便捷度还不够高。校园内的安全措施以及紧急情况下的援助机制是否健全也是衡量支持系统是否全面的一个标准,针对留学生事前预警、事中处理、事后安抚等举措有待加强与完善。

### (二)学习感知

学习是教育国际化的重要表征,也是留学的主体内容,区别于一般的教育,留学培养的主要目标还包含学习语言和融入环境。一般而言,留学生的学习体验由校园学习、校外研习、学术研究构成。

首先,校园学习感知方面,个性化仍有不足。留学生普遍对学校的归属感较强,能感受到教师和同学的友好,但在三个教学要素的感知上不尽如人意。一是课堂氛围,除了部分国语课程,任课教师均采用外语授课,但语言表达和语境刻画方面,与不少留学生的预期存在差距,这与任课教师对学生本土文化的认知程度联系紧密,"严肃、呆板、枯燥"是较多留学生对课堂氛围的评价;二是考核方式,不少留学生反映课程考核的方式比较老套,主要是笔试,应试色彩比较浓;三是即使在互助环境和友好的态度下,依旧难掩双方学生的交流困难,导致学业支持系统比较薄弱,这也是不少留学生直呼"学习难、毕业难"的症结所在。

其次,校外研习感知方面,设计感有待改进。此类学习方式是留学生最喜爱的形式,受到他们的一致欢迎,但就两个维度而言,也存在"美中不足"的地方:一是组织方式维度,多数采用教师带学生的团队出行方式,多是走马观花的观察,分散式自主研习采用较少,也不被提倡;二是内容创导维度,调查中超过一半的学生认为校外研习的方式有趣,但受教育的启发有限,留下的印象较为模糊,也有留学生反映此类方式缺乏课程整体设计感,比较零散,不能全面、系统反映杭州的历史、文化、现实特质。

最后,学术研究感知方面,融合度有待加强。学术是留学教育的重要构成,一定意义上愿意投身研究的留学生,其国际化程度和对中国的认可度相对较高。但就现状而言,"组团式"研究还未蔚然成风,留学生要进入学术领域的风险判断影响着不少高校师生,持"多一事不如少一事"心态的不在少数。

### (三)工作感知

留学生特别是拥有学籍的留学生是高校毕业生的构成之一,自然也是地方所需人才的成分构成。相对于学习的完整性过程,留学生的工作感知主要来自创业体验和就业预期。

首先,创业体验不强。创业体验特指参加大学生创新创业实践的过程体会,以影响面较大的大学生"互联网+"创业大赛为例:一方面,参与人数偏少,比如浙江理工大学和浙江工业大学 2023 年参加省"互联网+"国际赛道的队伍仅 21 支,参赛人数占留学生数不足 10%,与境内学生 35% 的参与度相距甚远;另一方面,项目的质量偏弱,尤其体现在商业计划书、商业逻辑、融入行业等要素表达"火候"均有所不足,这在一定程度上也影响着留学生的创业热情。

其次,就业预期不高。除了创业实践,就业预期是留学生对城市的直接情感表达。据调查,75%的留学生不愿意留在杭州求职就业,原因构成中最主要的是职业支持系统较弱,朋友圈开拓信心不足,且留学生就业后所隐含的社保、签证等各类政策性问题比较凸显,用人单位对留学生也并未有"提级对待"的态度。在走访的14家用人单位中,仅有3家有意愿接受留学生,其余11家(含外贸单位)都对留学生进企业抱有疑虑。调查还显示,虽然杭州出台了若干鼓励留学生创业的政策,但实际上,工作许可等都很难办下来,要求也非常高,手续复杂使得部分学生因障碍重重而打起退堂鼓。

### (四)心理感知

心理是知、情、意的统一体,特别表现为对现实体验的意识加工,在驱动行为方面具有能动效应。就留学生与城市的链接而言,其个体心理主要包含安全心理、被尊重心理、自我实现心理等方面。

首先,高度认同的安全心理。调查中几乎所有的留学生对杭州这座城市以及校园的安全体验感表示认同,安全也是形容杭州城市特征的关键词之一。继而就安全体验的细节交流中,交通安全是留学生的共同关注点,如电瓶车的使用、交通事故的处置与校内保安的沟通方面,还存在一些不如意之处。

其次,体验一般的被尊重心理。被尊重是较高级的心理需求层次,是形成被接纳感知的基础。在调查与交流中,多数留学生能感知到被尊重继而被接纳的校园环境和城市氛围,但就程度而言不是很高,主要体现为:对传统习俗的理解程度不高,对交流内容的同频感不强。一部分同学和市民对留学生还存在既新鲜又有所防备的情感态度,这些都是影响深度交流的客观元素。

最后,相对矛盾的自我实现心理。留学生的自我实现势必与学业、生活相关。一方面,学业现状与预期之间往往存在反差,这与语言基础、专业基础、环境基础都存在较大关联,正如列入调查范围的 4 所高校,虽然都对留学生的考核给予特殊照应,但效果并不如意;另一方面,事业支撑与现状之间存在反差,留学生虽然对杭州城市的发展心存认可,但自身融入城市的底气略显不足,接受挑战的心理准备不充分,一定程度上存在安逸思维。

## 三、留学生视角下杭州城市国际化形象的短板剖析

城市国际化是城市综合实力的重要体现,是城市链接世界的水平能力体现,最核心的应是以人为要素的有效、正向流动。数以千计的留学生作为具有流动性、国际性的因子注入杭州,成为城市国际化的直接体验者,他们在生活、学习、工作、心理上的感知,对杭州城市国际化具有名

片效应和检验效果。综合以上四个维度的调研,留学生视角下杭州城市国际化形象的短板有以下几点。

### (一)教育产业的开放性不够足,教育国际化程度偏低

首先,就历史层面而言,我国教育产业国际化伴随改革开放的春风而逐步推进,然而纵观前一阶段的发展,由内而外的输出和由外而内的引入对比是显而易见的,教育接轨国际的水平远不及经济、文化、政治方面。这一现实投射在留学生教育过程中,无论是留学生的培养目标、内容设置、评价体系,还是保障制度,其开放程度都与国外的留学教育存在一定差距,这是国内留学生教育的通病之一。

其次,就现实层面而言,杭州城市的高等教育规模与水平相对处于较低状态,据刚刚出炉的软科世界大学学术排名,在全球前500名的高校中,杭州仅浙江大学1所,在全球前800名的高校中,杭州仅浙江大学、浙江工业大学、西湖大学、浙江理工大学4所,整体实力与北京、上海、广州甚至苏州、武汉相比都处于下风。教育产业的综合实力与国际地位决定杭州教育国际化提升任重道远。此外,留学生相对较弱的学业基础,使得不少高校主动拓展留学教育的信心不足,占了学生基数又不能产出峰值的顾虑一定程度上也存在。

## （二）城市文化的包容性不够强，交流国际化要素偏少

首先，文化承载不够深刻。文化并非一种虚无存在，是历史、具体和实践的统一体。纵观留学生对杭州城市国际化的体验，文化的承载往往是静态的、分散的，比如景点、故事、场所甚至教材等，刻板式内容难以形成系统植入的效果。正如调查中，有不少留学生对杭州的景点比较了解，但在具体精神层面难以言状。就发展心理学而言，是由于杭州城市文化未能做到以逐渐积累的方式实现对留学生的有效同化。

其次，文化交流不够多维。交流是文化与生俱来的功能与使命，城市国际化的内核往往在于文化的内力释放与多维链接。但就留学生而言，文化交流的层次与角度均处于特殊状态。　方面，在层次上，留学生文化交流相对闭塞，除了同学和老师，与社会人士交往不多，且出于安全稳定考虑，高校管理者也不希望留学生"大踏步"开展文化交流，一定程度上限制了交流；另一方面，在角度上，受到传统教学思维的影响，留学生的"学生"身份被凸显，而作为"文化使者"的身份被弱化，往往是"学中国"而不是"学彼此"，使得留学生看起来处于接收端，而不是共享端，更不是辐射端。

## （三）个人发展的配套支撑性不够好,生活国际化感知偏弱

首先,生活配套不够到位。城市配套是城市形象的直接彰显,在城市国际化要素中居于显性位置。但在留学生视域中,虽然杭州城市配套设施时尚感、科技感比较突出,但在立意与设计上缺乏国际化思维,"后加工式""贴牌式"痕迹比较明显,从公交站牌到场馆名称,从零售柜台到酒店菜单,不少地方存在生搬硬套的现象,其症结在于相关行业的国际化意识还处于起步阶段。比如,在杭州某大型购物中心内,设有多个国际知名品牌的专柜。这些专柜在装修风格和商品陈列上确实展现出时尚感和科技感,与杭州作为现代化城市的形象相契合。然而在细节处理上,特别是在与顾客直接交互的环节中,如品牌标识、产品说明、服务指南等,却出现了生搬硬套的现象。具体来说,某个国际奢侈品牌的专柜,其品牌标识虽然醒目,但下方的英文翻译显得生硬且不够准确,没有考虑到英文读者的阅读习惯和文化背景。例如,品牌口号"匠心独运,传承经典"被直接翻译为"Unique Craftsmanship, Inheriting Classics",这样的翻译虽然字面上看似对应,但在英文语境中缺乏流畅性和感染力,难以引起国际顾客的共鸣。

其次,成长配套不甚理想。留学生是一个具有国际化性质的青年群体,是城市国际化的参与者和建设者。相对

于留学生身份的鲜明性，杭州在"引、育、留、用"留学生方面的政策导向性不够明确、举措多样性不足、机制保障性不强，比如针对留学生文体赛事、影视节庆、技能培训、人才激励、就业创业等诸多方面构建的实质平台较少，这是留学生做出"去留"选择的重要参考。

**（四）城市影响的传导性不够强，传播国际化路径偏窄**

首先，力量整合聚拢不够。毋庸置疑，杭州对城市国际化的探索实践有了长足进展，但从内在实力到外在形象的力量聚拢方面还有不足。社会各界把留学生作为"外来物种"的角色定位较强，而作为国际化传媒承载的定位较弱。现实中从民间协会、产业联盟、行业协会，直至基层管理单位，在面向留学生传播城市国际化时的"声音"较弱，不少留学生也反映"在杭州，很世界"的氛围不够浓厚。

其次，形式创新力度不够。杭州一直以深厚的历史底蕴、前沿的城市建设和鲜明的产业特征闻名于世，孕育了经久不衰的传播题材，但在这类故事中，留学生元素较少被提及。纵观近年来的杭州题材影片、微视频、微文圈，留学生显然不是常客，简言之，留学生与一座城之间紧密联系的存在感表达有所不足，相比新加坡、英国等地，面向留学生的各类视频、节目、活动明显偏少，这是留学生未能沉浸于杭州城市国际化的原因之一。

# 四、"四位一体"提升杭州国际化的改进对策

"把杭州建设成为世界名城"是习近平总书记对杭州的殷切期望,是杭州推进城市国际化的重要遵循,而世界名城之路需要"内聚实力、外塑形象"之道。因势而行,在G20 会议、杭州亚运会等国际事件的推动下,杭州在国际舞台的形象已大有提升,但与境内以北京、上海、广州为代表的国际化城市相比,尚未站在舞台中央聚光灯下。综合调研和剖析,笔者提出"四位一体"提升杭州国际化的改进对策。

## (一)展示高质量的经济发展力,惠及留学生

经济发展模式的升级促进经济生活方式的转变。留学生也是城市经济因子的构成,且具有较强的国际化潜能。在国际、国内双循环格局之下,杭州经济发展主体要转变"留学生仅是学生"的传统思维,确立其也是未来生产者和消费者的定位,从而更深、更广挖掘面向留学生的经济生长模式,例如通过政府引导、社会力量跟进,开辟集约型的市场、多元化的消费、感同性的体验、开放型的就业,促进留学生这一活跃市场元素的迸发。就某种意义而言,留学生作为拥有国际思维的经济因子,是桥梁纽带,也是试金石

和风向标,势必会带来助力杭州国际、国内市场发展的动能,从而形成留学生创造红利与享受红利的双重效应。

### (二)创造高因子的教育影响力,感召留学生

除了大事件、大平台,大教育的理念在杭州有待进一步突显。基于当前的情况,一方面,内外协同扩大优质的留学教育,让更多国内高校承担相应规模的留学生培养任务,形成相应的集约效应,同时,让更多国外知名高校关注杭州高校留学教育,使杭州成为留学教育集散地。另一方面,多管齐下发展优秀的留学教育。比如优化培养方式,突显启发性,借鉴国外教育中的启发教学模式,摒弃满堂灌、填鸭式,让走街串巷成为一种常态,要用现实场景、生动话语、灵活方式讲好杭州的故事;又如在评价方式突显多元性,开发新的指标体系,既要给予高校更多针对性支持,优化留学教育的评价标准,又要构建契合留学生发展的评价方法,调动留学生"我要学"的内生动能,从而打造开放性的国际教育示范模式。

### (三)激活高品位的文化吸引力,凝聚留学生

文化是杭州递交给世界的一张金名片,是杭州城市软实力的内核所在。要紧扣留学生的文化发展需求,让杭州城市文化成为留学生的精神滋养。在这一过程中,要吸收

知名国际化城市的文化塑造经验,用好西湖、运河、良渚三个世遗资源,引入传媒、创意、学术、互联网等国际化资源,打造具有杭州特色、国际意味、世界水准的城市文化坐标,并运用传媒技术在国内外传播。同时,要发挥留学生的"文化使者"作用,构筑文化国际交流平台,激发留学生对本土文化的传承与创新,让杭州成为文化汇聚之地、文化展示之窗,成为"世界之杭州"。

### (四)提升高容积的社会包容力,温暖留学生

不论是否成为"新杭州人",杭城的留学经历会成为留学生的宝贵财富,这一导向的关键是各界力量的"综合反应",折射面就在于社会包容力。城市"大气"之义在于兼收并蓄,并非"超国民或异国民"待遇。政府、社区、学校、医院、商店等各行各业要把国际化思维融入治理体系之中,且作为日常性事项列入日常工程设计之中,做到充分前置而非事后"修修补补"。特别是要加强社区、公共服务区等薄弱区块规范语言的针对性推广与标准化应用,防止出现低级失误,造成啼笑皆非的负面影响。公安系统、就业管理部门包括企业要聚焦留学生现实发展需求,出台针对留学生就业、创业、落户、暂居等系列优惠政策,以家的情怀温暖国际游子,助力构筑杭州城市版的人类命运共同体。

## 五、结语

本研究以在杭留学生为独特视角,通过综合运用定量与定性研究方法,对杭州城市国际化形象进行全面而深入的剖析。这一探索不仅丰富了城市国际化研究的理论框架,更为杭州未来在国际化道路上的发展提供了宝贵的实证依据和策略建议。但是在研究过程中,样本存在局限性、数据分析方法单一等问题也值得进一步思考与研讨。未来社会实践团队将努力扩大样本范围,覆盖不同类型的留学生群体,以更全面地反映杭州城市国际化形象的多元感知;在研究过程中加强跨文化比较,将杭州与其他国际化程度较高的城市进行比较研究,分析它们在留学生感知上的差异和共性,为杭州城市国际化建设提供借鉴和启示;更要长期跟踪,关注动态变化,建立长期跟踪调研机制,定期收集留学生的感知数据,关注杭州城市国际化形象的动态变化和发展趋势。期待杭州以更加开放的姿态,提升城市国际化形象,早日建设成为世界一流的社会主义现代化国际大都市。

(书于 2024 年 8 月)